업이란
무엇인가?
1

※ 이 책은 한국출판문화산업진흥원의 출판콘텐츠 창작 자금을
지원받아 제작되었습니다.

업이란 무엇인가? 1
―우리는 왜 태어났고, 어떻게 살아야 하고, 왜 사는 걸까?

초판 1쇄 인쇄 2017년 11월 20일
초판 1쇄 발행 2017년 11월 30일

지은이 유중

펴낸이 유중 | 펴낸곳 도서출판 사군자
주소 서울 마포구 동교로 27길 12 동교씨티빌 201호
등록 1999년 4월 23일 제1-2484호
전화 323~2961 | 팩스 323~2962
E-mail sagoonja@netsgo.com

값 12,000원
ISBN 978-89-89751-41-0 (03220)

※ 파손된 책은 서점에서 바꿔드립니다.

업이란 무엇인가?

— 우리는 왜 태어났고, 어떻게 살아야 하고, 왜 사는 걸까?

1

지은이 유중

사군자

● 차례

들어가는 말 • 6

1 업이란 무엇인가? 9
    업은 씨앗과 같다 • 11
    업은 인과법칙이다 • 14
    업은 자기 책임의 법칙이다 • 18
    업은 균형의 법칙이다 • 22
    업은 창조의 법칙이다 • 25

2 업은 삶에 대한 이해이고, 우주에 대한 이해이다 31
    사람은 꽃과 다르지 않다 • 34
    우리는 어떤 씨앗을 뿌리는 걸까? • 40
    업은 삶의 이해이고 지혜이다 • 44
    사실이며 아름다운 것은 단순하다 • 48

3 인연의 법칙이란 무엇인가? 53
    사람은 누구나 자기 업에 따라 살아간다 • 60
    확률적인 세계도 자연스런 현상이다 • 66
    라플라스 도깨비의 비유 • 72

4 이 세상에 우연이란 없다 79
　물질은 보는 것만으로도 변한다 • 82
　개구리와 인간의 차이 • 86

5 나는 누구인가? 101
　경전에서 말하는 열 가지 업 • 105
　생각으로 짓는 세 가지 업 • 107
　말로 짓는 네 가지 업 • 116
　몸으로 짓는 세 가지 업 • 125

6 업은 스스로 짓고 스스로 받는다 135
　나쁜 사람들이 왜 잘사나? • 139
　착한 사람들이 왜 고통을 받는가? • 148

7 집단이 짓는 업이란 무엇인가? 155
　업은 '개인의 업'과 '집단의 업'을 동시에 지닌다 • 158
　국가의 업 • 161
　왜 세계는 공평하지 않는가? • 166
　앞으로의 윤리는 무엇이 될까? • 178

● 들어가는말

 우리는 왜 태어났고, 왜 사는 걸까?, 우리는 어떻게 살아야 할까?
 사람마다 그 생김새가 다르고, 성격과 능력이 다르고, 욕심이 다르고, 목숨의 길고 짧음, 착함이나 악함, 어질고 어리석음 등의 차이는 왜 생기는 걸까?
 자신이 누구이며, 생명의 목적은 무엇이고, 우리는 어디에서 왔으며, 우리는 죽고 난 후 어떻게 되는 걸까? 또 우리는 궁극적으로 어떤 상태에 이를 수 있을까?
 뿐만 아니라 이 세상은 아무런 법칙도 없이 제멋대로 굴러 가는 걸까? 아니면 어떤 법칙이 존재하는 걸까? 사람마다 인생을 살아가면서 갖는 많은 의문들이 있을 것이다.
 간단히 말하면, 이 책은 바로 이런 의문들을 하나씩 풀어가려는 것이고, 그 의문에 대한 명쾌한 답을 제시할 것이고, 또 속 시원하게 풀리게 할 것이다.
 업은 이 모든 질문에 대한 답이다. 그 의문이 무엇이든, 업은 우리 인간이 우주와 인생에 대해서 품을 수 있는 수많은 의문들에 대한 답이 될 것이다.

예컨대 우리는 살면서 이해할 수 없는 일들을 보거나 겪기도 하고, 전혀 알 수 없는 일들이 일어나는 경우도 있다.

또 역사를 통해서 알 수 있듯이 어떤 특정한 시기나 혹은 심리적으로 어려운 시기에 평범하지 않은 사람들이 용기를 주거나 혹은 그 시대를 지도하는 일들이 일어나는 것도 보았다.

또 인간이 겪어온 세계적인 대격변기 때 역사의 신기원을 만들어 내기도 하고, 정신적이든 사회적이든 지적이든 한 시대를 풍미하는 사람들을 보기도 했다.

지금도 우리 주변에는 뛰어난 사람들이 있다. 어려운 환경과 조건 속에서도 한 가정을 크게 일으키는 사람들이 있고, 또 어느 날 갑자기 세계적인 스타가 되는 사람들도 있다.

어느 시대 어느 사회 어느 분야에서든 아무리 그 사회가, 제도가, 기득권층이 아무리 높은 담을 쳐도 그 장벽을 뚫고 뛰어난 능력을 보이는 사람들이 있고 또 앞으로도 그럴 것이다.

그들에게는 왜 이런 뛰어난 일들이 가능할까? 이 책을 통해서 왜 이런 일들이 가능한지도 이해하게 될 것이다.

이 세상에 공짜로 혹은 우연히 얻어지는 것은 하나도 없다. 모든 일에는 다 그 원인이 있다. 우주든, 자연이든, 인간의 삶이든, 세상이 제멋대로가 아니라 인과의 법칙에 의해 움직이고 있다는 사실도 깨닫게 될 것이다.

또한 이 책을 통해서 모든 존재와 현상은 서로 연기적으로 관계를 맺고 있다는 사실도 알게 될 것이다.

풀 한 포기, 돌, 꽃, 짐승, 인간 등 우주 만물이 서로 인과의 사슬로 얽혀 있을 뿐만 아니라 이것들이 하나로 연결되어 우주 전체를 이루며 서로가 영향을 미치게 된다는 것이다.

　내가 한 행위가 타인에게 영향을 미치게 되고 또 동시에 타인이 한 행위가 나의 삶에 영향을 미치게 된다.

　그래서 우리는 왜 자신의 행위를 올바르게 억제하면서 타인과 더불어 살아갈 수밖에 없는 존재인지도 깨닫게 될 것이다.

　업(業)은 이를 인식하게 하는 것이고, 그렇게 생각할 수 있게 할 힘이 있다.

1
업이란 무엇인가?

우리는 지구라는 섬에서 살고 있다. 이 지구상의 나라들 가운데는 자유와 평화를 누리며 부유하고 행복하게 살아가는 나라들이 있다. 높은 수준의 삶의 질을 유지하면서도 비교적 모두가 평등하게 살아가고, 요람에서 무덤까지 복지가 잘 되어 있어 태어나면서부터 혜택을 누리며 자라게 되고, 젊어서는 대학을 다니면서 빚을 지지 않아도 되고, 또 노후에 돈 걱정 없이 편하게 살아가는 나라들이 있다.

그런가하면 물질적으로는 풍요롭지만 종교적 갈등이나 영토 분쟁으로 인해 무고한 시민들이 목숨을 잃는 나라들도 있다.

또 비록 물질적으로는 가난하지만 세계에서 행복지수가 가장 높은 태평양의 가난한 섬나라 바누아투처럼 평화롭고 행복하게 살아가는 나라들도 있고, 물질적으로도 헐벗고 굶주리면서 갈등을 빚는 불행한 나라들도 있다.

그런데 지구상의 많은 나라 가운데 나는 왜 이 나라에서 태어났을까?

그 뿐만 아니라 나는 왜 이 부모 아래서 태어났을까? 나는 왜 이런 얼굴, 키, 피부 색깔 등 이런 외모로 태어났을까? 인생을 살면서, 누구나 이런 의문을 한 번쯤 가져보았을 것이다.

업은 씨앗과 같다

기원전 2세기경 그리스가 인도의 서북 지역을 지배하고 있던 때였다.

그 당시 서북 인도를 다스리던 왕은 그리스의 메난드로스(Ménandros, 빨리어 Milinda) 왕이었다. 그는 현명하고 인자한 군주로 알려져 있는데, 그 역시 이런 비슷한 의문을 가지고 있었다.

'우리는 왜 모두가 다를까? 연꽃 하나만 보더라도 연꽃 중에는 어떤 연꽃은 물 속에서 자라고, 어떤 것은 수면에서 피어나고, 또 어떤 것은 수면 위로 올라와 물에 젖지 않은 연꽃도 있다. 인간도 타고난 외모가 다 다르다. 더 나아가 능력이 뛰어난 사람도 있고, 그렇지 못한 사람도 있다. 마음이 착한 사람도 있고, 악한 사람도 있다. 그렇다면 나는 왜 이렇게 태어났을까?'

어느 날 그는 이런 의문을 풀기 위해 그 당시 인도에서 가장 뛰어나다고 소문이 난 인도의 고승 나가세나(Nāgasena)를 찾아가 이렇게 물었다.

"모든 사람은 어찌하여 똑같지 않습니까? 생김새가 다 다르고, 어떤 사람은 단명하고 어떤 사람은 장수하며, 어떤 사람은 잘 앓고 어떤 사람은 잘 앓지 않으며, 어떤 사람은 온순하고 어떤 사람은 포악하며, 어떤 사람은 힘이 약하고 어떤 사람은 힘이 세며, 어떤 사람은 천박하게 살고 어떤 사람은 고귀하게 살며, 어떤 사람은 우둔하고 어떤 사람은 영리합니까?"

그러자 나가세나가 이렇게 반문했다.

"모든 식물은 왜 똑같지 않습니까? 어떤 것은 신맛이 나고, 어떤 것은 짠맛이 나며, 어떤 것은 쓰고, 어떤 것은 맵고, 어떤 것은 떫은 맛이 나며, 어떤 것은 단맛이 납니까?"

이에 메난드로스 왕이 이렇게 말했다.

"그것들은 각기 다른 종자로부터 나오기 때문이 아니겠습니까?"

"대왕이여, 마찬가지로 사람들은 전생의 행위가 각기 다르기 때문에 똑같지 않습니다. 전생의 행위로 말미암아 그 결과 생김새, 목숨의 길고 짧음, 자질과 성품, 근기, 영민함과 둔함, 고상함과 비루함, 착함과 악함, 어질고 어리석음 등의 차이가 생기는 것입니다. 그것을 바로 '업(業 : 씨앗, 종자)'이라고 합니다." [1)]

그리스의 왕 메난드로스가 모든 식물들의 생김새와 성질이 다른 것은 그 종자가 다르기 때문이라고 말하자, 나가세나 존자는 인간도 그 '업(業)'이 서로 다르기 때문에 그 차이가 생긴다고 말하고 있다.

업은 씨앗과 같다. 업은 씨앗이고, 우리는 그 열매다. 그 생김새나 온갖 타고남은 각 개인의 업(業)으로부터 생겨난다는 것이다.

누군가가 언제 어디서 태어나고, 그 생김새나 성격이나 능력이나 자질이나 특성이나 탐욕이나 온갖 타고남이 제멋대로 혹은 우연히 태어나는 것이 아니라, 바로 서로의 '업(業)' 즉 종자(씨앗)가 다르기 때문인 것이다.

---

1) 이는 《밀린다팡하》에 나오는 이야기이다. 《밀린다팡하(Milinda Pañha)》란 빨리어로 '밀린다 왕의 물음'이라는 뜻이다. 밀린다(Milinda : 彌蘭陀) 왕은 기원전 150년경 서북 인도를 지배한 그리스의 메난드로스 왕을 가리킨다. 《밀린다팡하》는 그 당시 그리스 왕이 인도의 고승인 나가세나(Nāgasena : 那先) 존자와 불교의 진리에 관해 대론(對論)한 내용이 그 뼈대를 이루고 있다. 이를 《미란타왕문경(彌蘭陀王問經)》, 《밀린다왕문경》. 《나선비구경(那先比丘經)》이라고도 부른다.

업은 인과법칙이다

인생을 살면서 이와 같은 의문을 갖는 게 어찌 한둘이었겠는가?

일찍이 이 세상에 왔다 갔던 위대한 스승들도 모두 마찬가지였다. 특히 인류사에 있어서 기원전 5~6세기는 참으로 경이롭고 특별한 시기였다. 이 시기는 인류 역사상 철학과 사상이 가장 풍성한 시대였으며, 이후 이처럼 사유가 풍성했던 황금기는 다시 없었다. 그래서 이 시대를 보르헤스는 '성인(聖人)들의 시대'라고 찬탄했고, 야스퍼스는 '축의 시대'라고 부르며 이를 인류 정신사에 거대한 전환점으로 바라보았다.

부처, 공자, 노자, 피타고라스, 헤라클레이토스, 파르메니데스, 소크라테스, 이사야, 예레미야 외에도 마하비라(자이나교를 창시한), 자라투스트라(조로아스터교를 창시한) 등 동서양의 모두가 당시에 활동했던 동시대인들이었다.

그들은 하나같이 우주를 움직이는 법칙이 무엇이고, 인생이란 무엇인가를 발견하기 위해 깊은 사색을 했던 사람들이다.

'세상이 제멋대로 혹은 우연히 굴러가는 게 아니라 어떤 법칙에 의해서 움직이고 있다면, 이 세상을 움직이는 법칙이란 무엇일까?'

그들은 깊은 사색을 하였고, 마침내 그들은 우주 만물을 움직이는 하나의 법칙을 발견했다. 오늘날의 말로 표현한다면 그것은 다름 아닌 '인과법칙(law of cause and effect)'이었다.

2600년 전 부처는 인과법칙을 '업'이라고 말하였고, 성서에서는 이를 "뿌린 대로 거두리라"고 말한 것이다.

업은 피할 수 없는 '인과법칙'과 같은 것이라고 생각하면 된다.

왜냐하면 생각이나, 말이나, 행동으로 한 모든 행위가 그냥 지나쳐버리는 일 없이 업으로 저장되고, 이런 모든 업이 미래의 삶을 만드는 종자(씨앗)가 되기 때문이다. ―땐진 왕걀 린포체(티베트의 선 작가)

사람은 무엇을 심든지 자기가 심은 것을 그대로 거둘 것입니다.
―갈라디아 6:7

사실은 표현이 조금씩 달랐을 뿐, 업은 인과법칙과 같은 것이라고 생각하면 된다. 이를 쉽게 풀어서 말하면 뿌린 대로 거두게 된다는 뜻이다.

누군가가 언제 어디서 태어나고, 그 생김새나 성격이나 능력이나 자질이나 특성이나 탐욕이나 온갖 타고남이 다른 것은, 서로 업이 다르기 때문이다.

업이 미래의 삶을 만드는 씨앗이 되기 때문에 뿌린 대로 거두게 된다는 것이다.

인과법칙

인과법칙은 우연이나 기적을 부인한다. 인과법칙은 모든 것에는 반드시 원인이 있고, 원인이 있기 때문에 결과가 있다는 것이다.

일찍이 이 세상에 왔다 갔던 위대한 스승들이 이 세상의 모든 존재와 현상에는 반드시 그 원인이 있으며, 그 원인이 낳은 결과로 생겨난 것임을 발견한 것이다.

이와 같은 인과법칙은 인간의 문화에서 발견되는 가장 오래된 생각 중의 하나이다. 세상이 제멋대로 혹은 우연히 굴러가는 게 아니라는 것이다.

자연에서 일어나는 모든 현상을 보면, 인과법칙은 우주의 본질적인 진리라고 할 수 있다. 이 세상의 모든 사물과 현상은 반드시 그것이 생겨날 원인과 조건이 있기 때문에 생겨나고, 또 그 조건이 소멸하면 사라진다.

우리가 끊임없이 숨 쉬는 공기는 산소와 질소가 섞여 생겨난 것이고, 물은 수소와 산소가 결합하여 생겨난 것이고, 바위는 규소, 산소, 탄소 등의 원자들이 얽혀 만들어진 것이고, 물질을 구성하는 원자도 핵과 여러 개의 전자가 결합하여 생겨난 것이다.

사과가 땅에 떨어지거나 지구가 태양의 주위를 도는 것은 물체들 사이에 작용하는 중력 때문이고, 바닷물의 썰물과 밀물은 달이 있기 때문이다. 지구의 자전으로 말미암아 낮과 밤이 생기고, 공전으로 말미암아 춘하추동이 되풀이된다.

태양의 에너지는 수소 4개가 뭉쳐 헬륨이 되는 핵융합 반응으로 발생한다. 그리고 태양의 에너지가 있기 때문에 식물들이 살아간다. 인간을 포함한 모든 생명체가 생겨나고, 머물고, 변화하고, 소멸하는 것도 이 인과법칙에 따라 움직인다.

인과법칙은 원인과 결과의 법칙이다. 현상계(現象界)의 모든 존재 형태는 이 법칙에 따라 움직인다.

지금도 이 세상의 모든 만물은 정확히 이 인과법칙에 의해서 생겨나고 사라져 간다. 어떤 원인이 있기 때문에 결과가 있고, 어떤 결과에는 반드시 그 원인이 있다.

세계가 인과법칙에 따라 원인과 결과의 반복에 의해서 계속해서 운동하고 있다는 말이다. 과거에도 그랬고, 앞으로도 그럴 것이다.

지금 우리에게는 너무나 당연하다고 생각되지만, 자연계에서 일어나는 상호작용을 관통하는 원리를 발견하고자 시도했던 많은 이들이 모든 현상을 통해 인간이 읽어낼 수 있는 보편적인 자연법칙을 발견한 것이다.

지금도 이 세상은 인과법칙에 따라 끊임없이 변하고 있다. 따라서 우리의 온갖 타고남뿐만 아니라 앞으로의 우리의 삶도 제멋대로가 아니라는 것이다. 우리의 온갖 타고남은 과거에 우리가 지은 업의 결과라면, 앞으로의 삶은 지금 우리가 짓는 업에 따라 그 뿌린 대로 거두게 된다는 것이다.

그래서 여기서 중요한 사실은 우리의 온갖 타고남이나 운명이 고정불변의 것이라거나 삶을 결정짓는 것이 아니라는 것이다. 앞으로의 삶은 지금 우리가 짓고 있는 업에 따라 삶이 또 변하게 되기 때문이다.

때문에 변치 않는 '나'도 없고, '세상'도 없고, 불변의 '운명' 따위도 없다.

동시에 이 인과법칙은 모든 것에는 원인이 있고 원인이 있기 때문에 결과가 있는 것이지만, 원인과 다른 결과가 나타나는 것이 아니다.

이른바 "콩 심은 데 콩 나고, 팥 심은 데 팥 난다"는 말이 있듯이 선업은 선과(善果)를 낳고, 악업은 악과(惡果)를 낳는다.

따라서 좋은 업을 지으면 좋은 대로 나쁜 업을 지으면 나쁜 대로 삶이 변하게 된다.

사과나무의 씨앗을 심어 놓고 멜론이 열리기를 바랄 수 없고, 멜론의 씨앗을 심어 놓고 사과가 열리기를 바랄 수 없는 것과 같다는 것이다.

업을 지으면 그 뿌린 대로 거두게 된다. 그렇지만 좋은 업을 짓고 나쁜 결과를 거두게 되거나 나쁜 업을 짓고 좋은 결과를 거둘 수 없다는

것이다.[2)]

 감자를 심고 고구마가 열리기를 바라거나, 쑤세미를 심고 오이가 열리기를 바라거나, 탱자를 심고 귤이 열리기를 바라더라도 그럴 수 없는 것과 같은 것이다.

 이런 인과법칙은 가장 보편적이고 객관적인 우주의 진리라고 할 수 있다.

업은 자기 책임의 법칙이다

 이와 같은 인과법칙은 자연 현상뿐만 아니라 우리가 살아가야 할 앞으로의 삶에도 계속해서 적용되는 것이다.

 그래서 이 말 속에는 자신의 행위(어떤 업을 지을지)는 마음대로 선택할 수 있지만, 그 결과에 대해서는 책임을 져야 한다는 의미가 담겨 있다.

 **단순히 말하면, 업은 우리 자신의 행위에 대한 책임을 우리 각자

[2)] 이는 원인과 결과가 다르게 나타날 수 없다는 것이다. 이를 경전에서는 이렇게 비유한다. "어떤 비구가 '그럴 수 없는 것'을 아는 비구입니까?"라고 부처에게 묻자, 부처가 이렇게 말한다. "만약 몸(身)으로 악한 행을 저지르고 말(口)과 생각(意)으로 악한 행을 저지르고도 즐거움의 과보를 받는다고 한다면, 그것은 끝내 그럴 수 없다. 그러나 만약 몸으로 악한 행을 저지르고 말과 생각으로 악한 행을 저질러 괴로움의 과보를 받는다고 한다면, 그것은 반드시 그럴 수 있다. 만약 몸의 선한 행과 말과 생각의 선한 행이 괴로움의 과보를 받는다고 한다면, 그것은 끝내 그럴 수 없다. 그러나 만약 몸의 선한 행과 말과 생각의 선한 행이 즐거움의 과보를 받는다고 한다면, 그것은 반드시 그럴 수 있다." ― 〈다계경(多界經)〉(김월운 옮김, 《중아함경》 4권, 63쪽 참고, 동국역경원, 2011)

에게 지우게 하는 것이고, 그 행위들로부터 빚어지는 결과를 받아들이게 하는 것이다. 그래서 업은 '자기 책임의 법칙'이라고도 할 수 있다.[3]

즉 우리 모두는 자신의 행위에 대해 그 뿌린 대로 각자가 책임을 지게 되고, 우리가 잘못한 행위나 옳은 행위에 대한 결과(벌이나 보상)에서 피할 수 없다는 것이다. 이는 자신의 행위는 전적으로 자신이 선택할 수 있지만, 그 결과는 자신이 통제할 수 없다는 것이다.[4]

이는 우리가 태어난 후 앞으로의 삶의 과정이 미리 결정되어 있다는 것을 의미하는 것이 아니라는 뜻이다.

현재의 삶은 과거에 자신이 뿌린 행위의 결과이지만, 앞으로의 삶—짧게는 내일의 삶도 정해져 있지 않다. 자신의 행위에 따라 변할 수밖에 없다—은 또 지금 계속해서 자신이 뿌린 행위에 따라 그 뿌린 대로 거두게 되기 때문이다.

여기서 또한 중요한 것은 우리가 삶은 자신의 책임이라는 사실을 받아들인다면, 말 그대로 자신의 운명을 다스릴 수 있다. 이는 삶에 있어서의 행복과 불행 역시 대부분 우리 자신의 손에 놓여 있다는 것을 의미하기 때문이다.

예컨대 사람의 몸으로 태어나 똑 같은 태양과 달 아래서 같은 공기를

---

3) Paul Brunton, 《*What is Karma?*》, p.15, Larson Publications, 1998
4) 예컨대 우리가 피할 수 없는 업의 특성이 있다. 첫째, 업은 씨앗과 같아서 그에 따르는 과(果)를 낳는다. 둘째, 업은 업의 원인에 따라 같은 종류의 과보를 발생시킨다. 셋째, 업이 쌓이면서 사연이 만들어지고 우리의 삶을 형성해 간다. 넷째, 업이 상속되어 우리로 하여금 윤회하며 또 다음 생을 이어가게 한다.

마시며 살지만, 그 삶이 각양각색으로 펼쳐지는 것은 우리가 지은 업이 서로 다르기 때문이다. 인간은 본질적으로 평등하지만, 우리가 느끼는 행복과 불행, 만족과 슬픔, 기쁨과 괴로움 등 다양한 삶의 모습은 바로 그로 인해 비롯된다.

> 그 삶이 각양각색인 까닭은 업은 자작자수(自作自受)이고 인과응보이다. 곧 스스로 지어서 스스로 받기 때문이다. – 〈삼세인과경(三世因果經)〉

어떤 원인이 있으면 반드시 그에 따른 결과가 생기게 마련이지만, 좋은 업을 지으면 반드시 좋은 결과가 따르고, 나쁜 업을 지으면 반드시 나쁜 결과가 따르게 된다.

이와 같이 업은 우리가 옳은 행위든 혹은 잘못된 행위든 어떤 행위를 하게 되면 그 결과가 그 행위의 발뒤꿈치를 필연적으로 따르게 되는데, 그 결과 행복과 불행, 기쁨과 슬픔, 만족과 괴로움을 비롯하여 우리의 삶이 결정된다. 이것이 흔히 우리가 운명이라고 말하는 것이다.

> 고대 로마의 스토아학파에서는 이를 '숙명(fate)'이라고 말했고, 고대 그리스의 플라톤학파는 이를 '운명(destiny)'이라고 말했다. 인도나 불교와 힌두교에서는 이를 '업(karma)'이라고 말한 것이다. 그러다가 그리스에서는 그것이 '필연(necessity)'으로 불리고, 로마의 그리스도교에서는 '신의 뜻 혹은 신의 의지(God's will)'로 불렸다. 그리고 과학 사상가들은 이를 '자연 법칙(the laws of Nature)'이라고 부른 것이다.[5]

말만 다를 뿐이다. 업을 인과법칙이라고 부르든, 자연 법칙이라고 부르든 상관없다. 또 그것을 '숙명, 운명, 필연, 혹은 신의 뜻'이라고 불러도 상관없다.

이 책을 읽고 있는 독자가 어떤 특정 종교를 가지고 있다고 하더라도 전혀 개의치 않아도 된다. 그냥 명칭만 다를 뿐이다. 도 잔타마타(Doe Zantamata)는 이를 다음과 같이 말한다.

> 업은 그저 신비로운 동양의 환상적인 이야기쯤으로 생각해서도 안 되지만, 이 책을 읽고 있는 독자 가운데 특정한 종교를 가지고 있어 '업'이라는 용어가 마음에 들지 않아 이 책을 읽기를 주저한다면, 전혀 개의치 않아도 된다. 이 세상의 거의 모든 종교는 이를 어떤 법칙이라고 부르든 혹은 이런 법칙을 어떻게 표현하든 그 명칭이나 이름만 다를 뿐 수백 번도 넘게 똑같이 언급하고 있기 때문이다. 이 책을 읽다보면, 당신이 믿고 있는 종교가 무엇이든 성경, 코란, 힌두교 혹은 불교든 자신이 읽었던 경전의 구절들이 생각날 것이다.[6]

업은 그 표현만 다를 뿐 불교의 경전들을 포함하여 성서, 코란, 힌두교 등 모든 종교와 영적인 가르침에서도 언급하고 있는 내용이다.

또한 업은 현실과 동떨어진 것이 아니다. 업은 신비로운 환상이 아니라, 업은 삶이고 현실이다. 우리 모두는 자신의 행위에 대해 각자가 책

---

5) Paul Brunton, 《What is Karma?》, p.24
6) Doe Zantamata, 《Happiness in Your Life-Book one : Karma》, p.16, CreateSpace Independent Publishing Platform, 2012

임을 지게 진다. 이를 깨닫지 못할 뿐, 우리가 살면서 현실 속에서 수없이 많은 경험을 하게 된다.

그럼에도 불구하고 '업'이라는 용어를 받아들이기 어렵다면, 그냥 쉽게 '인과법칙'이라고 생각하면 된다.

우리 모두는 자신의 행위에 대해 각자가 책임을 지게 되고, 우리가 잘못한 행위나 옳은 행위에 대한 결과에서 피할 수 없다.

업은 물리학의 만유인력의 법칙처럼 한 개인의 믿음과는 상관없이 자연계 전체에 작용하는 법칙이다. 어떻게 부르든 어떤 사람도 이 법칙에서 벗어날 수 없으며 결코 개인의 신앙이나 믿음에 따라 달라지는 것이 아니기 때문이다.

업은 균형의 법칙이다

그런데 만약 이와 같은 인과법칙이 작동하지 않는다면 어떻게 될까? 간단히 말한다면, 이와 같은 인과법칙이 작동하지 않는다면, 모든 것은 균형을 잃고 만다.

만약 우주를 함께 지탱하고 있는 세계가 일종의 균형 상태가 아니었다면, 지축을 중심으로 하는 지구의 자전과 태양 주위를 돌고 있는 행성들의 배치 균형이 맞지 않다면, 우주는 존재할 수 없다. 조금만 생각해도 인간과 우주 사이, 인간과 인간들 사이의 관계에서도 같은 원리가 작동하고 있는 것을 알게 된다. 여기서 그 균형의 원리를 작동하는 힘이 곧 업이다. 그리고 행위와 결과 사이에는 피할 수 없는 밀접한 관계를 맺고 있는데, 이 방정식을 '업의 창조적 등가의 법칙'이라고 한다.

　　우주가 그렇듯이 업은 조절하는 효과가 있으며, 균형을 복원하고, 벌과 보상의 균형을 가져오게 하는 우주의 보편적인 마음의 힘과 같다. 인간의 행위의 영역에서 이를 비유한다면, 우리가 언제, 어디서, 무엇을, 어떻게 하든 그 결과가 궁극적으로는 자신에게 반영되어 되돌아오게 한다. 업의 작용은 결코 쉼이 없으며, 결국은 그 행위자에게 어김없이 되돌아가 열매를 맺게 한다는 것이다. 따라서 모든 것은 궁극적으로는 올바름의 경향이 있다. 사실 그것은 우리에게 참으로 위안이 된다.[7]

업은 우리가 언제, 어디서, 무엇을, 어떻게 하든 그 결과가 궁극적으로는 자신에게 반영되어 되돌아오게 한다. 그것이 좋은 것이든 혹은 나쁜 것이든 결국 그대로 자신에게 되돌아오게 한다는 것이다.

　사실 이것은 우리에게 참으로 위안이 된다. 예컨대 선을 행하면 좋은 결과가 있게 되고, 악을 행하면 나쁜 결과가 따를 것이다. 따라서 악한 행동은 나쁜 결과를 가져다주고, 선한 행동은 좋은 결과를 가져다준다는 사실을 깨닫게 된다면, 궁극적으로는 올바름의 경향을 갖게 될 것이다. 이 원리는 우주 만물의 모든 일에 직접 간섭하거나 참여해서가 아니라, 모든 존재들이 이 원리의 법칙에서 벗어날 수 없기 때문이다. 그래서 자연 세계는 스스로 넘치거나 모자라지 않는 균형을 유지하며 좋음의 상태를 유지하려 한다.

---

7) Paul Brunton, 《*What is Karma?*》, pp.15~18 참고

이와 같이 우주의 모든 만물은 우주 자체의 큰 규칙을 따르도록 되어 있다. 물론 이를 '우주의 마음'이라고 해도 좋고, '신의 마음'이라고 해도 좋다.

업은 우주의 마음과 같은 것이다. 업을 우주의 힘과 분리하려고 하거나, 하나의 별개의 힘으로 간주하려는 것은 잘못이다. 누가 만든 원리가 아니라 스스로의 힘에 의해서 움직인다. 아무도, 사람이나 혹은 초월적인 존재가 그것을 작동하는 것이 아니다.[8]

그것은 현상 세계에 본래부터 존재하는 법칙이고 또 끊임없이 이 세계를 움직이게 하는 법칙이다. 우리 역시 이 자연의 법칙에서 벗어날 수 없다. 이는 모든 만물에 적용되는 법칙이다.

눈을 가지고 있는 사람이라면 누구든지 우주가 똑똑하고 이해할 수 있는 질서를 유지하고 있음을 드러내고 있다는 것을 알 수 있다. 세계는 제멋대로 창조되지 않았다. 그 이후에도 눈먼 무질서가 우주를 지배한 적이 없다. 이 우주는 확고한 법칙이 있으며, 진정한 일관성이 있으며, 모든 존재들이 의미가 있다. 돌에서 꽃으로, 짐승에서 인간으로, 더 높고 더 높은 차원의 통합을 통해 끊임없이 움직이고 있다. 그러면서 모든 존재가 더욱 풍요롭게 살아가도록 끊임없이 진보하는 것이 자연의 목표이다. 이것이 이해가 될 때, 업은 단순히 도덕적 인과응보의 정의와 같은 법칙이 아니라 훨씬 더 큰 의미

---

[8] Paul Brunton, 《*What is Karma?*》, p.18

를 지니고 있음을 알 수 있다.

    업은 모든 만물이 보편적인 법칙에 따르도록 조절하는 경향이 있으며, 각각의 존재들이 완전한 균형과 조화를 이루도록 유지시키기 위해 우주 전체에 적용된다. 그리하여 궁극적으로 모든 부분들이 전체를 향하게 된다.[9]

업은 단순히 상과 벌의 체계만을 의미하는 것이 아니다. 단순한 인과응보를 넘어 모든 존재가 우주 자체의 보편적인 법칙을 따르도록 조절하는 힘이기도 하다.

사람들은 간혹 인간은 특별한 존재라고 생각한다. 그러나 인간 역시 자연의 일부이며, 그 질서 속에서 살아간다.

인간이 아무리 특별한 존재라고 우겨도 이 법칙에서 벗어날 수 없고, 인간의 지혜로 고안한 그 무엇으로도 벗어날 수 없다. 인간 역시 자연의 일부로서 그 질서 속에서 살아가고 있기 때문이다.

업은 조절하는 효과가 있으며, 균형을 복원하고, 벌과 보상의 균형을 가져오게 하는 우주의 보편적인 마음의 힘과 같다.

업은 창조의 법칙이다

그럼에도 불구하고 우리가 선업을 짓느냐, 악업을 짓느냐는 전적으로 자신의 자유의지에 달려 있다.

---

[9] Paul Brunton, 《*What is Karma?*》, pp. 24~25 참고

업은 우리가 한 행위에 대한 책임을 우리 각자에게 지우게 하고, 그 행위들부터 빚어지는 결과를 받아들이게 한다.
　이러한 가르침은 우리로 하여금 교만한 개인주의자로 치닫게 하려는 것도 아니고, 마찬가지로 무기력한 운명론자로 빠지게 하려는 것도 아니다.

　예컨대 유물론자들은 우리의 운명, 생각, 행동 등 모든 정신적 현상도 전적으로 물질적 환경의 산물이라고 말한다. 유신론자들은 우리가 신의 예정설의 죄인이 되어 아무 쓸모없이 서성거리며 살고 있다고 말한다.
　그러나 업은 우리가 누더기 차림의 거지처럼 운명의 문 앞에 기다리고 서 있어야 한다고 말하는 것이 아니다. 업은 우리 자신의 운명뿐만 아니라 우리를 둘러싸고 있는 환경을 얼마든지 새롭게 창조할 수 있다는 자유를 부여하고 있다. 우리 자신의 자유의지에 따라 자신의 운명이나 환경에 영향을 미치게 되고, 그것을 더욱더 풍요롭게 할 수도 있고 거꾸로 저해시킬 수도 있다는 것이다.
　과거의 우리의 자유의지가 현재의 우리 운명의 원인이고, 현재의 우리의 자유의지가 미래의 우리 운명의 원천이 된다. 결과적으로 삶을 결정짓는 가장 강력한 요인은 우리의 자유의지이다. 그리고 그 자유의지에 대한 개인적인 책임은 아무도 피할 수 없다. 선업을 지으면 좋은 결과가 있게 되고, 악업을 지으면 나쁜 결과가 따른다. 그러므로 체념적인 운명론이나 혹은 자만이 끼어들 여지가 없다.
　우리는 정말로 우리가 필요로 하는 만큼 많은 자유의지를 가지고 있다. 우리가 눈이 멀어 그것을 인식하지 못하고 주어진 기회(자유의지)를 활용하지 못한다면, 그 잘못은 우리 자신에게 있다. 우리는 업의 냉혹함에 눈물을 흘려야 하는 것이 아니라 우리 자신의 지성이 부족한 어리석음에 눈물을 흘려야 한다.[10]

업이란 자기 책임의 법칙이다. 우리가 지은 업으로 말미암아 비롯되는 그 결과, 즉 그 책임으로부터 결코 벗어날 수 없으며 결국 지게 된다는 것이다.

그러나 인간은 완전한 자유의지를 가지고 행동한 경우에만 행위에 대해 전적으로 책임을 물을 수 있다. 그렇듯이 업은 우리 자신의 운명뿐만 아니라 우리를 둘러싸고 있는 환경을 얼마든지 새롭게 창조할 수 있는 자유를 부여하고 있다. 다만 우리가 그것을 인식하지 못하고 주어진 자유의지를 활용하지 못한다면, 그 잘못은 우리 자신에게 있다. 우리 자신의 자유의지에 따라 자신의 운명이 결정되며, 자신을 둘러싼 환경이 만들어지기 때문이다.

결국 우리의 삶의 모습이 서로 다른 것은 각자가 자유의지에 따라 지은 업이 서로 다르기 때문이다. 지금의 나의 모습은 과거에 내가 지은 업의 결과이고, 미래의 나는 또 지금 짓고 있는 나의 업에 달려 있다.

따라서 지금 처한 상황이 아무리 나쁘고 불행하더라도 포기해서도 안 되지만, 지금 원하는 것을 원하는 대로 얻고 마음껏 누리더라도 자만해서도 안 된다.

우리의 삶은 정해진 것이 아니라, 자신을 둘러싸고 있는 환경을 얼마

---

10) Paul Brunton, 《What is Karma?》, pp.16~20 참고

든지 새롭게 창조할 수 있어 언제든 자신의 삶과 운명이 바뀌게 되기 때문이다.

이처럼 이 세상이 인과법칙에 따라 움직인다는 사실이 얼마나 다행스러운 일인가! 우리에게 이보다 더 큰 희망은 없다. 왜냐하면 이 인과법칙을 작동시키는 존재는 바로 우리 자신이기 때문이다.

심지어 우리의 자유의지에 따라 우리의 운명뿐만 아니라 이 세상도 얼마든지 우리가 원하는 대로 창조해 갈 수 있기 때문이다.

업은 우리의 삶뿐만 아니라 우주를 창조한다

예컨대 인도의 철학자이면서 대통령을 지낸 라다크리슈난(Sarvepalli Radhakrishnan : 1888-1975, 인도의 2대 대통령)은 '산, 강, 대지, 바다, 숲도 업의 투영'이라고 말한다.

> 매 우주의 주기마다 그 우주의 산, 강, 대지, 바다, 숲의 모양을 결정하는 것은 전(前) 우주 때의 인간의 행위이다. 과일 나무에서 열매가 맺고, 땅에서 곡식이 자라나는 것은 모두 인간의 공덕에 의한 결과이다.[11]

우리의 인생뿐만 아니라 지리(地理) 역시 인간이 뿌린 '업'에 의해 결정된다는 것이다.

이것은 진실이다. 오늘날 우리가 살고 있는 지구가 온난화로 인해 자연생태계가 빠르게 파괴되고 변화되는 것도 인간이 저지른 행위에 대

---

11) 보르헤스 외, 《보르헤스의 불교 강의》, 133쪽, 여시아문, 1998

한 결과이다.

우리가 짓는 업이 우리의 삶을 만들 뿐만 아니라 우주 창조에도 관여하고 있는 것이다.

이처럼 업은 엄청난 창조성을 지니고 있다. 원래 업을 뜻하는 산스끄리뜨어 '까르마(karma)'는 그 어원이 '만들다' 혹은 '창조하다'를 뜻하는 kṛi에서 파생된 말이다. 영어의 create 역시 kṛi에서 비롯된 말이라고 한다.

이 말에서도 엿볼 수 있듯이 업은 '창조성' 그 자체라고도 할 수 있다. 업을 '창조의 법칙'이라고도 말하는 게 전혀 이상할 것이 없다. 말 그대로, 이는 인간의 삶뿐만 아니라 지리, 즉 이 세상과 우주까지도 만들어 간다는 것이다.

그래서 이를 알아차리는 것이 매우 중요하다. 지금까지 내 자신이 별로 힘없는 미미한 존재라고 여겼거나, 내가 짓는 업이 사소하고 보잘것없는 것이라고 여겼다면, 다시 생각할 필요가 있다. 누구나 자신이 짓는 업이 자신의 삶뿐만 아니라 이 세상을, 이 우주를 만들어가고 있기 때문이다.

더 나은 미래와 자신의 운명을 바꾸고 싶다면, 지금까지 설명한 것 가운데 다른 것은 다 잊어도 이것만은 꼭 기억해 두어야 한다. 업은 창조의 법칙이다. 업은 창조 그 자체이다.

2

업은 삶에 대한 이해이고,
우주에 대한 이해이다

잠시 우주의 수수께끼 하나를 이야기하려고 한다. 오늘날 우리는 초속 11km보다 빠른 속도로 물체를 발사하면 지구의 중력권을 벗어날 수 있다는 것을 알고 있다. 이것이 로켓의 임계속도(또는 임계값)이다. 혹은 이것을 지구의 '탈출속도'라고도 부른다. 그래서 우리가 달나라에도 갈 수가 있다.

이것은 우주 팽창도 마찬가지이다. 우주 역시 빅뱅(Big Bang : 대폭발)이 시작되었을 때 우주가 팽창하려는 힘이 우주가 끌어당기려는 힘보다 크지 못했다면, 우주는 팽창할 수 없었을 것이다. 이것이 우주 팽창의 임계속도이다. 지금도 우주 팽창의 힘이 이 임계속도보다 크기 때문에 우주가 팽창하고 있고, 앞으로도 이런 상태가 지속되는 한 우주는 계속해서 팽창할 것이다.

한편 우주의 팽창속도가 임계속도보다 작았다면, 결국에 가서는 팽창은 멈추고 수축이 시작될 것이다. 우주는 팽창이 시작된 상태, 즉 제로(0)[12] 크기의 상태로 다시 되돌아갈 것이다.[13]

이렇게 우주를 역으로 생각해 과거로 거슬러 올라가 보면 우주의 밀

---

[12] 현대의 과학 기술로 알아낸 우주 팽창 과정은 빅뱅 후 10^{-35} 초까지이다. 우주 탄생 후 10^{-35} 초, 그 순간 우주의 크기는 반지름 3mm 내로 압축된 크기였다고 한다. 오늘날 우리가 보고 있는 우주에 존재하고 있는 모든 것들이 반지름 3mm의 영역 내에 존재했다는 것이다.
[13] 존 배로, 《우주의 기원》, 27~28쪽 참고, 두산동아, 1997

도는 무한대이고 우주의 크기는 0인 상태로부터 시작되었다고 할 수 있다. 어떤 물체를 압축할수록 밀도는 커지기 때문에 밀도는 무한대가 될 것이고, 숫자로 표현할 수 있는 가장 작은 크기는 0이기 때문이다.

그러나 여기서 말하는 '밀도는 무한대이고 크기는 0인 상태'란 어떤 상태일까? 여기서 말하는 0이라는 숫자는 말 그대로 숫자일 뿐이다. 어떤 존재도 유(有)에서 무(無)가 될 수 없고, 무에서 유가 될 수 없다. 우주의 크기가 0이면서 밀도는 무한대인 상태는 '무'가 아니다. 형체는 없지만, 속이 완전히 꽉 찬 상태이다. 이는 우리가 아는 언어로 말한다면, '공(空)'인 상태라고 밖에는 표현할 수 없다. 따라서 우주의 크기가 0이라는 것은 '무'가 아니라 '공'(혹은 '무형물질')인 상태로 되돌아가는 것을 의미한다.[14]

마치 《반야심경》에 나오는 '색즉시공, 공즉시색'과 같은 이야기이다.

사람은 꽃과 다르지 않다

아무튼 이 우주는 임계상태에 근접해 있어서 앞으로 우주가 어떻게 될 것인지는 말할 수 없다.

우주에 대한 최대의 수수께끼 중의 하나는 지금도 우주가 바로 이 임계값에 아슬아슬하게 근접해서 팽창하고 있다는 사실이다. 이렇게 임계값에 근접해 있기 때문에 우주가 임계값을 경계로 앞으로 어느 쪽으로 변할지, 즉 수축하게 될지 아니면 계속해서 팽창하게 될지 확실하

---

14) 이와 비슷한 예를 들면, 우리 눈에는 보이지 않지만 뉴트리노(neutrino), 즉 중성미자는 0에 가까운 질량을 갖고 있다. 그리고 실제로 이런 뉴트리노가 지금 이 순간에도 우리 몸을 통과하고 있다.

게 말할 수가 없다. 우주의 미래에 대해 정확히 예측할 수가 없다는 것이다.

지금까지 우주는 약 137억 년 동안 팽창해 왔고, 또 그렇게 오랫동안 팽창해 왔는데도 그 차이가 크게 벌어지지 않고 임계값에 아슬아슬하게 근접해서 팽창하고 있다는 사실은 놀라울 뿐이다.

그런데 약 137억 년 동안의 팽창에도 불구하고 이렇게 임계값에 근접한 상태가 지속되고 있다는 것은, 과학자들의 계산에 의하면 우주 팽창이 임계값과 불과 10에 0을 35개 붙인 숫자분의 1, 즉 10^{-35}만큼의 차이로 시작되었다는 것을 뜻한다고 한다.

왜 그랬을까? 만약 우주가 임계속도보다 훨씬 빠르게 팽창을 시작했다면 팽창 효과가 서로 끌어당기려는 중력 효과를 크게 앞지를 것이다. 만약 그랬다면, 지금처럼 중력에 의해 군데군데 물질들이 모여서 은하나 별들을 형성하지 못했을 것이다.

별의 형성은 우주의 진화에 있어서 아주 중요한 단계이다. 별이란 매우 많은 양의 물질들이 모여서 그 중심 압력이 핵반응을 일으킬 만큼 커진 물질들의 응집체이다. 이러한 반응을 거쳐 수소가 연소되어 헬륨으로 바뀌게 되는데, 이와 같은 과정이 그 별의 일생을 통해 오랜 기간 조용하게 일어난다. 우리의 태양은 이러한 과정의 중간쯤에 와 있다.[15]

---

15) 우리 태양은 이러한 과정의 중간쯤에 와 있다. 태양의 나이는 약 50억 년으로 중심 물질의 1/2~1/3은 아직 수소이다. 태양의 에너지는 수소 4개가 뭉쳐 헬륨이 되는 핵융합 반응으로 발생한다. 태양 중심의 수소가 모두 타는 데는 앞으로 약 50억 년이 더 걸릴 것이라고 한다.

그러나 별의 일생에서 마지막 단계에 이르면, 별의 핵에너지 생성 과정에 큰 변혁이 일어난다. 짧은 기간 동안 급격한 변화가 일어나서 헬륨은 탄소, 질소, 산소, 규소, 인, 그 외의 생화학적으로 생명 활동에 관여하는 많은 다른 원소들로 바뀌게 된다.

이처럼 별이 초신성 폭발을 하게 되면, 이때 이러한 원소들이 우주 공간으로 흩어져 궁극적으로는 행성이나 사람 같은 생명체를 형성하게 된다. 그러므로 별은 모든 화합물, 나아가 생명체들의 기원이 되는 원소들의 생성지이다. 우리의 몸을 구성하는 모든 물질들의 원천 역시 별이다.

그런데 만약 우주가 지금의 임계값보다 빠르게 팽창했다면, 우주는 팽창만 할 뿐 우주에 서로 끌어당기는 힘이 너무 약해 이와 같은 별의 형성이 이루어질 수 없다. 따라서 인간이나 혹은 복잡한 생명체나 식물들을 구성하는 근원 물질들이 생성될 수 없다.

마찬가지로 우주가 지금의 임계값보다 아주 작은 속도로 팽창했다면 얼마 못 가서 중력 효과가 팽창 효과보다 커질 것이고, 우주는 수축하게 되었을 것이다. 이런 경우, 별이 형성되고 폭발하고 생명체가 구성되는 과정이 채 일어나기도 전에 우주가 다시 수축해 버렸을 것이다. 이 경우 역시 생명체가 만들어질 수 없는 우주가 된다.

이로써 우리는 놀라운 결론을 얻게 된다. 즉 137억 년에 걸친 팽창 과정에도 임계값에 매우 근접한 속도로 팽창하고 있는 우주만이 생명체(우주의 관찰자가 될 만큼 충분히 복잡한 생명체)를 구성하는 물질들을 만들어 낼 수 있다는 것이다.

그렇게 생각하면 우주가 임계값에 근접한 속도로 팽창하고 있다는 사실은 그리 놀라운 일이 아니다. 다른 종류의 우주였다면 우리

는 존재할 수가 없기 때문이다.[16]

이것이 지구상에 생명체가 존재하는 이유이다. 우주든, 우주 안에 태어난 모든 존재는 우연히 혹은 제멋대로가 아니라 이런 인과법칙에 따른 것이다.

한편 이 사실만 보더라도 인간으로 태어날 수 있다는 것은 매우 어려운 일이다. 또한 생겼다 사라지는 것이 별의 생리이듯이 인간의 몸을 이루는 모든 물질들이 별로부터 왔으니 인간 역시 나고 죽는 것도 또한 당연한 자연의 섭리이다.[17]

> 나고 죽는 것이 별의 생리이다. 인간의 몸을 이루는 모든 물질이 별로부터 왔으니 인간이 나고 죽는 것도 한 가지 섭리이다.[18]

이와 같이 인간이나 혹은 어떤 생명체나 식물들을 구성하는 모든 근원 물질들의 원천은 별이다. 이런 사실을 알고 별을 바라보면 많은 사색을 하게 되는데, 인간이 우주 만물과 다르지 않다는 것이다. 인간은 본질적으로 평등할 뿐만 아니라 인간과 우주 만물이 본질적으로 모두 동등하다는 것이다.

> 꽃도 사람도 상대적으로는 동등하게 창조되었다. ─아인슈타인

---

16) 존 배로, 《우주의 기원》, 28~31쪽 참고
17) 우리 인간의 육체 역시 땅의 요소, 물의 요소, 불의 요소, 바람의 요소로 이루어져 있다. 이 지(地), 수(水), 화(火), 풍(風)을 4대 요소라고 한다.
18) 박창범, 《인간과 우주》, 156쪽, 가람기획, 1995

이처럼 꽃, 인간, 자연, 그리고 우주는 본질적으로 서로 다르지 않다. 따라서 이 세계 전체는 하나인 셈이다. 우주 만물이 서로 인과의 사슬로 엮여 있으며, 모든 존재는 그로 인해 생긴 것이다.

> 이 우주 만물은 인과의 사슬로 얽혀 있으며, 이 세계는 하나이다.
> ─부처[19]

작은 풀잎 하나부터 우리 인간까지 서로 인과의 사슬로 얽혀 있으며, 이 인과에 따라 온갖 만물이 '생겼다 사라졌다'를 반복하고 있는 것이다. 돌, 꽃, 짐승, 인간 그리고 우주 만물이 하나로 연결되어 우주 전체를 이루며 서로가 영향을 미치게 된다는 것이다.

예컨대 만약 곤충이 없다면, 인간도 존재할 수 없다. 곤충에 의한 화분의 매개가 인간이 먹는 작물의 75%를 차지하고 있다는 사실뿐만 아니라 이런 곤충이 사라진다면 전체적으로 먹이사슬이나 생태계가 파괴되기 때문이다. 과학자들의 말에 따르면 만약 흰개미가 사라진다면, 사바나의 생태계는 한 계절 만에 파괴되고 만다고 한다.[20]

---

19) "다음은 이는 부처가 보리수 아래에서 정각을 이루는 장면을 묘사한 것이다. '홀로 나무 아래 정좌한 부처는 순간적으로 자신과 모든 중생의 수많은 전생을 보았다. 한눈에 우주 구석구석의 수많은 세계를 전관(全觀)하였다. 그 뒤 인과의 사슬을 모두 보았다.' 부처가 깨달음을 얻는 순간 본 것 중의 하나는, 인과 과의 연쇄가 치밀한 사슬을 이루고 있는 것이었다(보르헤스 외,《보르헤스의 불교 강의》, 20~21쪽 참고)."

20) 또 하나 예를 들면 이렇다. 맹그로브 숲과 게는 어떤 관계가 있을까? 맹그로브 숲은 토양의 유실을 막아 갯벌이 줄지 않게 지켜줘, 철새, 홍따오기, 원숭이, 거북이, 농게, 망둥이, 게 등이 모여 사는 둥지가 된다. 또 육지로부터 흘러 들어오는 오염된 물질을 깨끗하게 정제하여 바닷속 산호초에 신선한 물을 제공해줘, 그로 인해 깨끗한 해수에서 산호가 군락을 이루게 되고, 또 이 산호가 다시 해양 생물의 삶의 터전이 되어 해양생태계를

사람들은 간혹 인간은 특별한 존재라고 생각하지만, 인간 역시 자연과 별개가 아니라 자연의 일부이며 그 질서 속에서 살아가고 있는 것이다.

그러나 만약 세계를 바라보는 관측자인 '나'라는 '주체'와 세계를 관측의 '대상'이라는 '객체'로 나눈다면, 이는 자연의 일부라는 본질에서 벗어난 것이다. 예컨대 주체와 객체를 대립시키는 사고로 세계를 바라본다면, 우리는 우주의 일부인데도 이 우주에서 떨어져나가 버린다. 우리가 살고 있는 이 우주에 '나', 즉 내가 없는 것이 되고 만다.[21)]

인과법칙은 우주의 삼라만상을 지배하는 물리학적 원리이기도 하고, 동시에 자연계에서 일어나는 모든 존재의 상호작용을 관통하는 원리이다. 우주의 탄생과 삼라만상의 모든 질서와 우리의 삶과 죽음도 이 법칙에 의해서 결정되고, 어떤 존재도 이 인과법칙이라는 자연의 법칙에서 벗어날 수 없다. 인간은 특별한 존재라고 생각하거나, 자연과 별개라고 생각하고, 세계를 바라보는 관측자인 '나'라는 '주체'와 세계를 관측의 '대상'이라는 '객체'로 나눈다면 이는 자연의 일부라는 본질을 이해하지 못하는 것이다. 주체와 객체는 별개가 아닌 것이다.

우리는 자연의 일부이고 꽃과 다르지 않다.

건강하게 유지할 수 있도록 해준다. 그러나 땅 위로 드러난 굵직한 뿌리들이 마치 흙을 움켜쥐고 있는 듯 빽빽하게 자란 맹그로브 숲이 우거진 갯벌도 사실은 갯벌에 구멍을 파고 드나드는 게들이 사라진다면 순식간에 파괴되고 만다. 이렇듯 우주 만물은 인과의 사슬로 서로 얽혀 있는 것이다.

21) NHK 아인슈타인 팀,《아인슈타인의 세계》4권, 123쪽 참고, 고려원미디어, 1993

인과법칙에 따라 이 우주 만물은 인과의 사슬로 얽혀 있으며, 이 세계는 하나이다.

우리는 어떤 씨앗을 뿌리는 걸까?

인과법칙이란 모든 것에는 원인이 있고, 원인이 있기 때문에 결과가 있다는 것이다. 모든 존재와 현상뿐만 아니라 우리의 삶에서 일어나는 모든 일에도 다 그 원인이 있다.

그렇다면 우리가 뿌린 대로 거둔다고 할 때 도대체 우리는 무엇을 뿌린다는 말인가?

이는 '업'이라는 말을 조금 살펴보면 알 수 있다. '업'이란 원래 '행위'를 뜻하는 산스끄리뜨어 '까르마(karma)'에서 나온 말이다(한자 '業'은 '선악의 소행'을 뜻한다). 말 그대로, 우리가 하는 행위들이 즉 '업'이다.

씨앗을 뿌리면 꽃이 피고 열매를 맺듯이, 우리가 어떤 행위를 하면 그것이 원인(씨앗)이 되어 그에 상응하는 결과(열매)가 있게 마련이다. 여기서 말하는 '행위'가 업이다.

이를 삶에 비유하면 이렇다. 예컨대 우리가 하는 '행위', 즉 '업'이 원인(씨앗)이 되어, 현실에서 나타난 결과(열매)가 바로 나의 '삶'이고, 그것이 곧 '나'다. '업'은 원인이고, '나'는 그 결과다. 이를 도표로 보면, 다음과 같다.

〈도표〉

인(因)	과(果)
씨앗	열매
행위	삶
업	나

우리가 흔히 '업을 짓는다'고 말할 때 이는 우리가 하는 '행위'를 의미한다.

그렇다면 '행위'란 구체적으로 무엇을 뜻하는 걸까? 언뜻 '행위'라고 말하면, 추상적이고 포괄적이기 때문에 그 느낌이 와 닿지 않을 수 있다.

하지만 간단히 말하면, 우리가 하는 '행위'에는 크게 세 가지가 있다. 즉 '생각'과 '말'과 '행동'이다.

그래서 업의 정확한 의미는 생각과 말과 행동을 통해 나타내는 자신의 의지적인 행위를 뜻한다.

우리가 하는 생각과 말과 행동을 통해 드러낸 의지적 행위들이 업이 되어 우리의 삶을 만들어 가는 것이다. 업은 원인이고, 그 결과로 나타난 것이 우리의 삶이다. 그리고 그것이 곧 나다.

이 세 가지 행위를 아주 간단하게 설명하면 이렇다.

첫째, 우리는 '생각'이라는 씨앗을 뿌리며 산다. "우리는 생각 대로 된다"라는 말이 있다. 사람마다 가수, 예술가, 과학자, 시인, 목수, 청소부 등 무엇이 되고 싶어 하고, 무엇을 하고 싶어 하고, 무엇을 갖고 싶어 하고, 어떻게 할까 등 많은 생각을 하면서 살고 있다. 또 그 생각들을 추구하고 현실화시키기 위해서 노력하게 된다.

그 결과 어떤 생각을 갖느냐에 따라서 그 사람의 인생은 전혀 다른 모습을 갖게 된다. 생각이 나를 만든다. 그래서 생각이 곧 나다. 나는 생각이 낳은 결과이다.

둘째, 우리는 '말'이라는 씨앗을 뿌리며 산다. "말이 씨가 된다"라는 말이 있다. 우리가 늘 말하던 것이 현실이 된다는 뜻이다. 지금 이 순간에도 우리는 말이라는 씨앗을 뿌리며 살고 있다. "가는 말이 고와야 오는 말이 곱다"고 하듯이 말도 뿌린 대로 거두게 된다.

에컨대 "이 생애 나를 보고 기뻐하는 사람을 만나는 것은 전생에 상냥한 말과 웃음으로 대했기 때문이다"라고 한다.

또한 "지혜는 의견에서 드러나고 교양은 말로 드러난다"는 말이 있다. 말은 그 사람의 인격과 신뢰를 고스란히 드러낸다. 말이 나를 만든다. 그래서 말이 곧 나다. 나는 말이 낳은 결과이다.

셋째, 우리는 '행동'이라는 씨앗을 뿌리며 산다. 우리는 어떤 사람의 행동을 보면 그 사람이 어떤 사람인지, 또 앞으로 어떻게 되리라는 것을 어림짐작할 수 있다. 행동이 사람을 만들어 간다는 의미이다. 나도 마찬가지이다. 행동이 나를 만든다. 그래서 행동이 곧 나다. 나는 행동이 낳은 결과이다.

즉 "우리는 행으로 말미암아 존재한다."[22] 우리는 태어나면서부터 나는 누구라고 정해진 것이 아니라 내가 하는 행동에 의해서 나가 만들어진다. 아무도 태어나면서 '빈부귀천(貧富貴賤)'이 정해지는 것이 아니다.[23]

---

22) 이는 초기 경전에 자주 나오는 말이다. 즉 "일체 중생은 다 행(行)으로 말미암아 존재한다." - 〈중집경(衆集經)〉(김월운 옮김, 《장아함경》 1권, 334쪽, 동국역경원, 2009)

23) 사람들이 간혹 그 사회의 불평등한 계급 제도(카스트 제도와 같은)를 합리화시키거

살인을 하면 살인자가 되고, 도둑질을 하면 도둑이 되고, 음란한 짓을 하면 음란한 자가 되고, 비열한 짓을 하면 비열한 자가 되고, 천박한 짓을 하면 천박한 자가 되고, 사악한 짓을 하면 사악한 자가 되는 것이다.

이 지구상에는 시대를 떠나 자비를 베풀고 선행을 하면서 사람들을 이롭게 하며 성자의 삶을 살아가는 고귀한 사람도 있고, 살생이나 폭력을 일삼는 사람도 있고, 전쟁을 벌이거나 부추기는 사람도 있고, 부자나 기득권층에게는 헌신하고 가난한 자는 수단으로 삼는 사람들도 있고, 남을 핍박하고 업신여기고 이간질하며 상스럽고 비열하게 살아가는 천한 사람들도 있다. 우리는 자신의 행동에 따라 성자가 될 수도 있고, 천한 사람이 될 수도 있다.

지금 이 순간에도 우리는 생각과 말과 행동이라는 씨앗을 뿌리며 살고 있다.

그러나 우리가 생각과 말과 행동으로 어떤 행위를 하게 되면, 싫든 좋든 그에 대한 결과가 따르게 된다. 우리는 뿌린 대로 거두게 되고, 그 행위로 인해 나타난 결과로부터 피할 수 없다.

우리가 말하는 세 가지 업(三業)이란, 바로 이 세 가지 행위로 짓는 업

나 정당화시키기 위해서 업을 이용하기도 한다. 이는 부처가 살아있던 당시에도 그랬다. 전생에 지은 업에 따라 브라만(승려), 크샤트리아(왕이나 귀족), 바이샤(상인), 수드라(일반 백성 및 천민)로 태어난 것이니, 그렇게 살아야 한다며 인간이 만든 불평등한 제도를 정당화시킨 것이다. 그러나 이에 대해 부처는 인간은 모두가 평등하다고 단호하게 말한다. 신분이나 혈통에 따라 빈부귀천이나 누구냐가 정해지는 것이 아니라 행으로 말미암아 정해진다고 말한 것이다. 신분사회는 인간이 만든 제도이다. 예컨대 고대 노예제도나, 중세 봉건사회나, 근대의 자본주의나, 현대의 신자유주의(자본주의가 정점을 찍은 극자본주의)나, 인간이 만든 제도는 수시로 변할 뿐만 아니라 무상한 것이다.

을 말한다. '생각(意 : 뜻)'으로 짓는 업을 의업(意業), '말(口 : 입)'로 짓는 업을 구업(口業), '행동(身 : 몸)'으로 짓는 업을 신업(身業)이라고 한다.

우리는 생각과 말과 행동으로 업을 짓는다. 그 업이 씨앗이 되어 우리의 삶을 만들어 가는 것이다.

물론 어떤 씨앗을 뿌릴지는 전적으로 각자의 자유의지에 달려 있다. 그러나 인과법칙에 따라 선한 생각과 말과 행동은 좋은 결과를 가져다 주고, 악한 생각과 말과 행동은 나쁜 결과를 가져다준다. 선행을 하면 존경과 칭송이 따르게 되고, 악행을 저지르면 천한 소리를 듣게 되고 나쁜 과보를 받게 된다.

생각과 말과 행동이 곧 나다.

업은 삶의 이해이고 지혜이다

이렇게 우리는 생각과 말과 행동을 통해 자신의 인격과 품성과 성격과 삶의 모습 등을 형성해 간다. 결국 그 삶의 모습이 서로 다른 것은 생각과 말과 행동이 서로 다르기 때문이다. 지금의 나의 모습은 과거에 내가 한 행위의 결과이고, 미래의 나의 모습은 또 지금 하고 있는 나의 행위에 달려 있다.

업은 피할 수 없는 결과가 따르는 원리이다. 원하든 원하지 않든 스스로 지어서 스스로 받는 것이다. 우리가 하는 모든 행위는 상이나 벌의 씨앗을 안고 있고, 상과 벌을 판별하는 판관신(判官神)이 따로 존재하는 것이 아니다.

업의 작용은 비인격적이다. 업은 자작자수이고 인과응보이다. 스스로 지어서 스스로 받는다.

> 누군가가 죄인에게 그 죄를 묻는 것이 아니다. 그 죄 자체가 그를 벌하는 것이다. 따라서 용서란 있을 수 없고, 또 누구도 대신 벌 받을 수 없다. －크리스마스 험프리[24]

비를 싣고 오는 구름은 비를 땅에 쏟아 놓지 않고는 지나가지 않는다. 그렇듯이 내가 지은 업으로부터 인간이 그것을 피할 도리가 없다.

> 하늘도 아니고, 바닷속도 아니고,
> 깊은 산 동굴 속도 아니다.
> 악업의 과보에서 벗어날 수 있는 곳은
> 이 세상 그 어디에도 없다. －법구경 127[25]

하늘에도, 바닷속에도, 깊은 골짜기에도 인간이 자신이 지은 업으로부터 벗어날 곳은 없다.
　이를 정확히 이해한다면, 우리는 어떤 사람이 지은 업이 그를 따르게 될 것이라는 것을 안다.
　그래서 우리는 자신에게 잘못을 저지르는 사람들을 용서할 수도 있으며, 천박하고 상스럽고 비열한 사람을 향한 분노를 내려놓을 수도 있다. 원한이나 분노로 되갚으려는 것이 아니라 오히려 연민의 마음을 갖고 대할 수도 있다.

---

24) 보르헤스 외, 《보르헤스의 불교 강의》, 133쪽
25) 유중 옮김, 《하룻밤에 읽는 법구경》, 58쪽, 사군자, 2013

언제, 어디서든, 어떤 상황에서든 자신을 둘러싼 불협화음에도 동요하지 않고 고요하고 평온한 마음으로 평정심을 유지하면서 나쁜 감정들을 내려놓을 수 있다.

그래서 업은 자기 행위에 대해 책임을 지는 것만을 의미하는 것이 아니라, 삶에 대한 이해이고 삶을 살아가는 지혜이기도 하다.

예컨대 이처럼 사려 깊은 사람들은 타인을 향한 분노를 내려놓을 수도 있지만, 동시에 자신들이 겪은 슬픔이나 아픔으로부터 교훈을 배우고, 남에게 상처를 준 것을 반성하고, 소홀했던 의무나 갈등을 일으켰던 원인들을 성찰하며 똑같은 죄나 혹은 똑같은 잘못을 두 번 다시 저지르지 않기 위해 다짐한다.

이런 의미에서 업은 자신의 자유의지를 바탕으로 하면서 자기 행위에 대해 책임을 지는 것이고, 삶에 대한 이해이면서 삶을 살아가는 지혜이기도 하고, 동시에 자기 성찰이며 기본적인 철학과 윤리적인 측면도 지니고 있다고도 말할 수 있다.

만약 지금 나의 모습이 만족스럽지 않다면, 그동안 어떻게 살아왔으며 또 어떤 생각과 말과 행동을 하며 살았는지 자신의 행위를 살펴볼 필요가 있다. 지금 나의 모습은 과거의 나의 생각과 말과 행동으로부터 비롯된 것이기 때문이다.

> 오늘의 나는 어제의 내가 만든 것이다. －브라이언 트레이시
> (Brian Tracy, 컨설턴트)

그래서 지금 뭔가 원하지 않는 상황이 벌어지고 있다면, 그것을 불평하거나 비난하기보다는 지난날의 자신의 생각과 말과 행동을 되돌아보

라는 뜻임을 알아차려야 한다. 모든 일에는 다 원인이 있기 때문이다.

> 가시나무를 심는 자는 장미를 기대해서는 안 된다. －필페이
> (Pipay, 인도의 우화작가)

지금 나의 삶은 지난날의 내가 한 행위들이 현실에 반영되어 나타난 결과물이다. 좋은 일이든 나쁜 일이든, 심지어 남몰래 한 일까지도 내가 한 모든 일들이 차곡차곡 쌓여 열매를 맺은 것이다.

따라서 오늘의 나의 모습을 보면 과거의 나를 알 수 있고, 오늘의 나의 행위를 보면 미래의 나의 모습을 볼 수 있다. 전생의 나를 혹은 다음 생의 나의 모습마저도 어느 정도 그려볼 수 있다.

> 전생의 일을 알려면 지금 생에서 받는 것을 헤아려 보면 되고, 내 생의 일을 알려면 지금 생에서 짓고 있는 업을 자성해 보면 된다. －
> 《법화경(法華經)》

삶은 서로 길게 연결된 순간들의 연속이다. 내가 한 행위가 원인이 되어 계속해서 이어져 그 결과가 현실에 나타나기 때문이다.

무지개 넘어 파랑새를 쫓는 것은 허황된 꿈이다. 내가 진정 원하는 것이 있다면, 인과법칙을 알아차리면 된다.

그러면 내가 어떤 사람이든, 혹은 어디에서 무엇을 하든 원하는 삶을 만들어 갈 수 있고, 원하는 것을 얻을 수 있으며, 또 세상도 우리가 원하는 세상으로 바꿔나갈 수 있다.

우리가 이를 인식하든 그렇지 않든 사실은 우리가 일으키는 사소한

생각과 말과 행동 하나하나까지도 차곡차곡 쌓여 우리의 인생뿐만 아니라 더 나아가서는 우리가 살고 있는 국가나 이 지구까지도 영향을 미치게 된다.

또한 인과법칙을 알아차리면, 우리는 자신에게 잘못을 저지르는 사람들을 원한이나 분노로 되갚으려는 나쁜 감정들을 내려놓을 수 있으며, 오히려 용서하고 연민의 마음으로 대할 수도 있다.

사실이며 아름다운 것은 단순하다

이 세상의 그 어떤 것도 원인 없이 일어나는 현상은 없다. 원인이 없다면 어떤 현상도 일어나지 않는다. 구름이 비를 불러오듯이 어떤 현상(원인으로 불리우는)은 일정한 조건 아래에서 다른 일정한 현상(결과라고 불리우는)을 반드시 불러일으킨다. 이것이 인과법칙이다.

이 세상에 객관적으로 실재하는 사물, 과정, 계(系) 등 삼라만상의 사이에는 원인과 결과의 필연적인 관계가 서로 사슬처럼 엮여 있다. 이것은 인과법칙이 보편적인 것임을 의미한다.

인과법칙은 우주에서, 자연계에서, 인간의 개인적인 삶의 현상에서, 그리고 인간이 만들어 가는 사회 현상에서도 그대로 드러난다. 인과법칙은 문명의 토대이기도 하다. 수학, 의학, 생물학, 물리학, 천문학, 건축, 기술, 발명 등 우리가 이루어낸 과학적 방법론의 근거이며, 윤리나 도덕, 철학이나 사상 심지어 문자의 발견이나 획기적인 발전 등 인류가 만들어낸 모든 문명의 근원이기도 하다.

한마디로 말해서, 인과법칙은 세계 전체에 걸쳐서 일반적으로 이루어지고 있는 가장 보편적인 법칙으로 인과에 의하지 않는 것은 이 세상에 그 어떤 것도 없다.

흔히들 많은 사람들은 진리란 내가 알 수 없는 저 언덕 너머에 있는 것으로 생각한다. 웬만한 사람은 난해하고 복잡해서 이해할 수 없을 것이라고 생각한다. 하지만 진리란 아주 단순하고 명확한 것이다. 왜냐하면 진리란 시공간을 떠나 항상 보편적이고 일정해야 하기 때문이다.

> 세상은 생각보다 단순하다. 코페르니쿠스가 처음 지동설을 들고 나왔을 때 천동설을 주장하던 사람들은 "하늘의 이치가 그렇게 간단할 리가 없다"며 반박했다. ─마크 뷰캐넌(Mark Buchanan)

> 사실이며 아름다운 것은 단순하다. 자연에는 단순한 법칙이 숨어 있다. 그리고 인간이 만드는 이론 또한 단순하고 아름답지 않으면 안 된다. ─아인슈타인

그렇다. 사실 이 세상의 모든 만물을 움직이는 법칙은 비밀스럽고 복잡한 게 아니다. 세상은 단순한데, 사람들이 공연히 문제를 복잡하게 만들 뿐이다. 열린 마음으로 세상을, 자연을 조금만 더 주의 깊게 관찰하면, 이 세계가 인과에 의해서 움직이고 있다는 것을 누구나 쉽게 알 수 있다. 진리란 매우 상식적이고 평범한 것이다.

따라서 항상 어떤 문제가 있다면 혹은 어떤 의문이든 품고 있는 것이 있다면, 인과법칙으로 돌아가라. 어떤 문제든지 반드시 그 원인이 있고, 어떤 의문이든 인과법칙 속에 그 답이 있다.

우리의 삶도 마찬가지이다. 우리가 사는 사회도 국가도 세계도 모두

마찬가지이다. 우리의 삶과 이 세상은 우리의 생각과 말과 행동이 낳은 결과이다. 또한 우리가 하는 생각과 말과 행동에 따라 앞으로도 이 세계는 계속해서 끊임없이 변하게 될 것이다.

누구에게나 똑같은 하루도 없고, 똑같은 나도 없다. 이 세상에 고정불변하는 것은 아무 것도 없다. 고정불변의 세상도 없고, 운명도 없고, 티끌만한 것도 없다. 우리가 일으키는 생각과 말과 행동 하나하나가 쌓여 지금 이 순간도 우리의 인생뿐만 아니라, 우리가 살고 있는 이 우주까지도 영향을 미치고 있는 것이다.

과거는 지나갔고, 미래는 아직 오지 않았다. 과거는 돌이킬 수 없지만, 앞으로의 삶은 지금 우리가 바라는 대로 생각하고 말하고 행동으로 옮기기만 한다면 그 무엇이든 바꿀 수 있다.

그러나 꼭 명심해야 할 것이 있다. 오이를 심고 가지를 거두기를 바라거나, 가지를 심고 오이를 거두기를 바랄 수 없다. 선업은 좋은 결과를 가져오고, 악업은 나쁜 결과를 가져온다는 사실이다.

우리가 계속해서 선한 생각과 말과 행동을 통해 선업을 짓는다면, 당장은 아닐지 몰라도 반드시 그리된다는 것이다.

어느 날 문득 보다 나은 자신의 모습을 발견하게 될 때 그 기쁨은 이루 다 말할 수 없을 것이다.

그러나 이게 다가 아니다. 업은 물질의 세계를 포함하여 개인의 삶과 사회 현상에 대한 것만이 아니라 인간이 본질적으로 무엇이고, 우리가 궁극적으로 어떤 상태에 도달할 수 있는지에 대한 것도 포함하고 있다.

업은 우리가 궁극적으로 어떤 상태에 이를 수 있으며 우리는 어디에서 왔으며 여기에는 왜 있고, 누구 혹은 무엇이 우주를 조종하고 있는지에 의문을 제시하고 실제의 체험을 넘어서 우리에게 어떤 가능성이 있는지 등의 의문을 제기한다.[26]

우리의 자유의지에 따라 우리의 운명이나 세상도 얼마든지 우리가 원하는 대로 만들어 갈 수 있지만, 궁극적으로는 초월적인 존재에도 이를 수 있음을 보여 준다.

나중에 다루게 되겠지만, 업은 다양한 자연법칙에서부터 초월적인 존재에 대한 내용까지도 포함하고 있기 때문이다.

---

26) Jeffrey Armstrong, 《Karma : The Ancient Science of Cause and Effect》, p.7, Mandala Publishing, 2007

3

인연의 법칙이란 무엇인가?

이제 항상 어떤 문제가 있다면 혹은 어떤 의문이든 품고 있는 것이 있다면, 인과법칙으로 돌아가라. 어떤 문제든지 반드시 그 원인이 있고, 어떤 의문이든 인과법칙 속에 그 답이 있다.[27]

하지만 아직 아주 분명한 문제가 하나 남아 있다. '그렇다면 왜 우리 모두가 꿈을 실현하지 못하는 걸까? 왜 우리는 뿌린 대로 곧바로 거두지 못하는 걸까? 악업을 짓는 사람이 벌을 받지 않고, 선업을 짓는 사람이 고통을 받기도 하지 않는가?' 등의 의문이다.

인과법칙이 작동하고 있다면, 우리가 무언가를 하나 하나 뿌릴 때마다 그 결과가 드러나야 할 것이다. 우리가 선업을 지으면 좋은 결과가, 악업을 지으면 나쁜 결과가 드러나야 할 것이다.

그런데 왜 우리가 뿌린 대로 그 결과가 바로 바로 드러나지 않는 걸까? 누구나 이런 의문이 들 것이다.

그러나 이는 분명한 이유가 있다. 결론부터 말한다면, 인과법칙이 작동하기 위해서는 여러 조건들이 충족되어야 하기 때문이다.

예컨대 우리가 생각하기에 인과법칙하면 하나의 원인이 하나의 결과

---

[27] 실제 우리는 일상생활에 있어서 수많은 문제와 부딪히며 살게 된다. 그럴 때마다 우리는 걱정, 근심, 괴로움, 번민을 하게 되고, 또 미래에 대한 두려움을 갖게 된다. 하지만 우리가 진심으로 인과법칙을 이해한다면, 걱정, 근심, 괴로움, 번민 또 미래에 대한 두려움이 사라진다. 왜냐하면 걱정, 근심, 괴로움, 번민, 두려움은 무익할 뿐 모든 것에는 원인이 있고, 그 원인을 알면 풀리기 때문이다. 어떤 문제든 인과법칙 속에 답이 있다.

를 만들어 내는 것이라고 생각하기 쉽다. 또 원인이 항상 결과보다 앞서 일어난다고 생각하기 쉽다. 그러나 어떤 결과든 한 가지 이상의 원인이 존재해야 하고, 결과가 원인이 되기도 한다.

성 아우구스티누스는 4세기경 초대 그리스도 교회가 낳은 위대한 철학자이자 사상가이다. 그리고 토마스 아퀴나스는 중세 스콜라 철학을 완성한 대표적인 인물이라고 할 수 있다. 그들은 인과법칙에 따라 기독교 신학에 그리스 철학인 논리학을 도입하여 궁극적인 제1의 원인을 찾으려 그 누구보다도 노력했던 사람들이다. 그 두 사람은 '모든 사건에는 원인이 있다'는 명제를 논의의 전제로 삼았다. 모든 것은 그 원인이 있다는 것이다.

그래서 그들은 우주 만물의 원인을 찾기 위해서 누구보다 인과법칙에 헌신했다. 하지만 하나의 원인이 하나의 결과를 낳게 되고, 원인이 항상 결과보다 앞서 일어난다고 생각했다. 모든 것에는 원인이 있고 원인이 있기 때문에 결과가 있지만, 어떤 결과든 한 가지 이상의 원인이 존재한다거나 혹은 원인과 결과의 순서가 뒤바뀌는 경우는 없다고 생각한 것이다. 그래서 그들은 무엇인가 창조되었다면 그것은 반드시 원인을 가지고 있어야 하는데, 결국 그들은 그 '궁극적인 제1의 원인'을 신(神)이라고 결론을 내린 것이다(그러나 인과법칙에 의하면, 이 신을 창조한 또 다른 원인, 즉 또 다른 신이 필요하다).[28]

---

28) 그러나 '신이 존재한다 혹은 존재하지 않는다'라는 논쟁을 하는 것은 무익하다. 부처가 말한 '독화살의 비유'처럼 결코 어리석고 무의미할 뿐이다. 마치 "어떤 사람이 독 묻은 화살을 맞고, 그 화살을 쏜 사람이 누구이고 이름이 무엇이고 피부색이 까만지, 그 활이 뽕나무인지 물푸레나무로 만든 것인지, 그 화살의 깃털이 독수리 털인지 학 털인지, 그 화살촉이 무엇으로 만든 것인지, 그 활줄이 실인지 모시인지 삼인지 등을 알기 전에는 화살을 뽑지 않고 치료를 받지 않겠다고 하는 것과 같다. 하지만 그는 이

때문에 우리가 '인과법칙'을 제대로 이해하기 위해서는 항상 한 가지 조심해야 할 것이 있다. 즉 하나의 원인이 하나의 결과를 낳는다거나, 원인이 항상 결과보다 앞서 일어난다고 생각해서는 안 된다. 사실은 인(因)과 과(果)는 함께 일어나고, 결과가 원인이기도 하다. 어떤 결과가 또 원인이 되어 또 다른 결과를 낳기 때문이다. 또 어떤 인과든 수많은 원인과 조건들이 모여 이루어진다. 한 가지 이상의 원인들이 존재한다는 것이다. 예를 들면 이렇다.

여기 한 알의 곡식 종자가 있다고 하자. 그 종자는 깨어지지 않고 썩지 않고 상자 속에 있다가 봄이 되면 파종이 된다. 때를 맞추어 비가 내리고 싹이 트면 그 종자는 열매를 맺게 된다. 그러나 때를 맞추어 씨를 뿌리지 않거나 비가 오지 않으면 열매를 맺을 수 없다. − 《중아함경》, 〈아로파경(阿奴波經)〉

아무리 좋은 씨앗도 때를 맞추어 씨를 뿌리지 않거나 비가 오지 않으면 열매를 맺을 수 없다. 이와 같이 씨앗이 발아되고 열매를 맺기까지는

모든 것을 알기 전에 죽고 말 것이다" − 〈전유경(箭喩經)〉(《중아함경》 4권, 505~507 참고) 부처는 "신은 존재한가, 존재하지 않는가?", "세상은 영원한가, 세상은 영원하지 않은가?" 등 형이상학적인 10가지 질문에 대하여 침묵하고 답하지 않았다. 하지만 이런 문제를 설명하지 않았다고 해서 부처가 그것을 모르는 것이 아니라 논쟁을 불러일으키고 '정말 그럴까' 의문만 더하게 할 뿐이고, 설사 이를 안다고 해도 후세에 다시 몸을 받을 뿐 깨달음을 얻는 데에는 아무런 소용이 없다는 것이다. "세존께서는 이러한 모든 견해에 대하여 마땅히 알아야 할 일이었으므로 알고 계셨습니다. 하지만 [설사 알더라도] 그것은 곧 구(具)이고, 그것은 곧 취(趣)이고, 그것은 곧 수(受)이며, 그것은 곧 생(生)이며, 그것은 곧 후세에 이르는 것입니다." − 〈견경(見經)〉(《중아함경》 4권, 499~500 참고)

여러 조건들이 필요하다.

　씨앗이 결실을 맺도록 하는 조건들은 물, 흙, 거름, 바람, 비, 온기 등 여러 가지이다. 그 조건들 역시 원인들이다. 물론 1차 원인은 그 씨앗 자체이지만, 부차적인 원인들 역시 1차 원인이 크도록 하는 데 반드시 필요한 조건들이다. 여기서 말하는 1차 원인을 '인(因, hetu : 직접 원인)'이라고 하고, 1차 원인은 아니지만 다른 필요한 조건들을 '연(緣, pratyaya : 간접 원인)'이라고 한다.[29]

이를 우리가 '인연(因緣)'이라고 말한다. 여기서 1차적인 '인'은 씨앗이지만, 물, 흙, 거름, 바람, 비, 온기 등 다른 필요한 조건들은 '연'이다. 이는 어떤 결과든 하나의 원인만 있는 것이 아니라 여러 원인과 조건들이 모여서 이루어진다는 뜻이다.

따라서 인연은 그 무엇이든 홀로 존재하거나 스스로 존재할 수 있는 것이 아니라 "이것이 있어 저것이 있고, 이것이 사라지면 저것도 사라진다"는 연기(緣起)와 같은 말이다.[30] 예를 들면 이렇다.

---

[29] 틱낫한, 《중도란 무엇인가》, 53쪽, 사군자, 2013
[30] 아난이 "어떤 비구가 인연(因緣)을 아는 비구입니까?"라고 묻자, 부처가 이렇게 말한다. "혹 어떤 비구는 인연과 인연 따라 일어나는 것을 보아 진실 그대로 아나니, 곧 이것을 인하여 저것이 있고 이것이 없으면 저것이 없으며, 이것이 생기면 저것이 생기고 이것이 멸하면 저것이 멸함을 안다. 이른바 무명(無明)을 인연하여 행(行)이 있고, 나아가 생(生)을 인하여 늙음과 죽음이 있으며, 만일 무명이 멸하면 행이 멸하고, 나아가 생이 멸하면 늙음과 죽음이 사라진다고 보아 진실 그대로 아느니라. 이런 비구는 인연을 아는 비구이니라." – 〈다계경(多界經)〉 (김월운 옮김, 《중아함경》 4권, 60쪽)

책상 하나가 존재하기 위해서는 나무, 목수, 시간, 기술, 그리고 다른 많은 원인들이 필요하다. 이런 하나하나의 원인들은 또 다른 원인들의 존재가 필요하다. 나무는 숲, 햇빛, 비 등 기타 원인들이 필요하다. 목수는 자신의 부모, 아침 식사, 신선한 공기 등 기타 원인들이 필요하다. 그리고 이러한 것들은 또다시 다른 조건들이 갖춰져야만 한다. 만약 우리가 이런 방식으로 계속해서 바라본다면, 이 세상에 책상 하나가 존재하기 위해 필요한 온갖 원인들 가운데 뺄 수 있는 것은 아무 것도 남지 않게 된다. 즉 우주의 모든 것이 함께 모여 우리에게 책상을 가져다 준 것이다.

햇빛, 나뭇잎들, 구름들을 유심히 바라보면, 그 속에서 책상을 볼 수 있다. 하나를 모든 것에서 볼 수 있고, 모든 것을 하나에서 볼 수 있다. 하나의 결과를 낳는데, 하나의 원인으로는 결코 충분하지 않다. 하나의 원인이 동시에 하나의 결과이고, 그리고 모든 결과가 또한 다른 모든 것의 원인이다. 인과는 연기적이다. 원인과 결과가 서로서로 일으킨다. 맨 '처음'이라는 생각이나, 혹은 하나의 원인도 필요하지 않고 그 자체가 '유일한 원인'이 되어 무언가가 존재할 수 있다는 생각은 잘못이다.[31]

실제 이 세상 그 어떤 사물이나 현상도 인과 연을 따라 생겨나지 않은 것이 없다. 그래서 업을 '인과법칙'이라고 말하지만, '인연의 법칙(인과 과가 사슬처럼 얽혀있다는 뜻이다)'이라고 말하는 것이 조금 더 정확한 말이다.

---

[31] 틱낫한, 《중도란 무엇인가》, 22쪽

사과나무로 비유를 든다면 사과나무의 씨앗은 직접 원인이고, 햇빛, 흙, 공기, 수분, 온도 등은 간접 원인이다. 이들 모두는 씨앗이 자라 사과나무가 되고 열매를 맺게 하는 원인이라는 점에서는 동일하지만, 그 씨앗(인)이나 여러 조건(연)이 갖춰져야 수확을 할 수 있다는 것이다.

사람은 누구나 자기 업에 따라 살아간다

우리가 생각과 말과 행동으로 지은 업도 마찬가지이다. 그 결과가 드러나기 위해서는 여러 조건들, 즉 '인'과 '연'이 충족되어야 한다. 그것이 충족될 때 비로소 드러난다. 이것이 우리가 지은 업이 바로 바로 그 결과를 드러내지 않는 이유이다.

그러나 만약 이런 인연의 법칙을 받아들이지 않는다면, 업을 이해하는 데 커다란 벽에 가로막히게 된다. 인간이 기울이는 노력이나 의지도 그 인연의 한 가지 중요한 요소이지만, 결정적인 조건은 아니라는 것이다. 그래서 그 노력의 결과가 여러 가지 모습으로 나타날 수 있다. 심지어 뜻밖에 일로 실망하는 경우도 생길 수가 있다.

예를 들면, 이렇다.

어떤 농부가 거대한 땅을 구입했다고 가정하자. 그럼 그 농부는 씨앗을 심고, 매일 물을 주고, 거름을 뿌리며, 밭을 일구는 일을 할 것이다. 그런 후 농부는 기대하며 기다릴 것이다. 농부가 보기에도 작물은 아주 잘 자라 보였다.

그런데 수확하기 하루 전에 태풍이 그 마을을 지나가면서 그 모든 농작물을 휩쓸고 지나가 버렸다.

　이때 그의 첫 번째 반응은 모든 일이 헛수고가 되었다는 것일 게다. 그는 인생이 불공평하다거나 혹은 인과법칙(혹은 자신의 행위에 대한 업)이 작동하지 않는다고 생각할 수 있다. 당연히 그는 자신이 열심히 노력한 대가가 있을 것이라고 생각했고, 풍부한 수확으로 보상받게 될 것이라고 기대했기 때문이다.

　그러나 이런 경우에도 중요한 것은 이러한 재앙으로부터 화가 난 마음의 상태에서 가능한 빨리 벗어나는 것이다. 결국 업이란 항상 이루어지게 된다는 것을 알라. 오늘 그 결과를 볼 수 없을 수도 있고, 심지어 몇 개월이 지나도 실현되지 않을 수도 있다. 하지만 어느 날, 모든 일을 바르게 했음에도 불구하고 그런 끔찍한 일이 일어났는지 알게 된다.

　……우리는 자신이 하는 행위를 통제할 수 있다고 하더라도, 그 행위에 대한 결과는 통제할 수 없다. 때문에 그 선행은 결국 좋은 결과를 가져다주게 된다. 그래서 나중에는 그것이 가치 있는 일이었음을 깨닫게 된다.[32]

　거시적으로 보면 인과법칙은 삶의 기본 법칙이며, 세상을 움직이는 기본 법칙이다.

---

[32] Doe Zantamata, 《*Happiness in Your Life-Book one : Karma*》, pp. 18~21 참고.
　그런 후 그가 든 사례 가운데 하나를 소개하면 이렇다. 원래 월트 디즈니(Walt Disney)는 캔자스시티 스타(the Kansas City Star) 신문사에서 일했다. 하지만 그는 독창적이지 않다는 이유로 해고를 당했다. 그러나 그에게 그런 일이 없었다면, 디즈니랜드는 탄생하지 않았을 것이다. 그는 해고를 당해 다른 꿈을 꾸었고, 또 누구보다도 독창적이었음이 드러난 것이다.

하지만 그 결과가 곧바로 드러나지 않거나 예상과 전혀 다른 결과가 나타나는 것은 세세한 원인들에 의한 인연의 법칙이 작동하고 있기 때문이다.

우리가 지금 좋은 업을 짓든 혹은 나쁜 업을 짓든 내가 하는 행위에 대한 결과가 있기 마련이다. 그러나 그 결과가 언제 어떻게 나타날지는 '정확히' 예측할 수가 없다는 것이다.

왜냐하면 그 인과 연―지금 뿐만 아니라 과거에 우리가 지은 업은 셀 수도 없다. 또 그 업은 개인마다 다 다르다―에 따라 그 결과가 바로 오늘 나타날 수도 있고, 혹은 몇 년 혹은 더 이상 걸릴 수도 있기 때문이다.

그래서 우리는 '우리가 뿌린 씨앗이 왜 곧바로 그 결과를 드러내지 않는 걸까? 또 이 비유처럼 태풍으로 작물을 망치는 경우도 생기기 때문에 업이란 있는 걸까?'라고 의문을 갖는 것이다. 그러나 결코 우리가 지은 업이 사라지는 것은 아니다.

> 사람은 누구나 자기 업에 따라 살아간다. 좋은 씨앗을 뿌렸든 나쁜 씨앗을 뿌렸든 자기가 뿌린 대로 거두게 된다. ―〈본생경(本生經)〉

> 당신은 자신의 행동을 전적으로 통제할 수 있지만, 그 결과에 대해서는 통제할 수 없다. 그러나 궁극적으로 당신의 선한 행동은 좋은 결과를 가져다준다. ―도 잔타마타

그래도 여전히 이런 의문이 들 것이다. 우리는 봄에 씨앗을 뿌리면, 가을에 열매를 맺을 것이라는 것을 알고 있다. 이것이 인과법칙이기 때문이다.

그렇다면 왜 미래를 정확히 예측할 수 없을까? 물론 노련한 농부들은 "올해 농사는 풍년이 들겠구나, 혹은 지난해에 비해 수확량이 80% 정도에 머물겠구나, 혹은 가뭄으로 인해 흉년이 들겠구나"라고 그 수확량을 어느 정도는 예측할 수 있다.

하지만 아무리 노련한 농부라 하더라도 앞에서 비유를 들었듯이 수확기에 접어들었을 때 느닷없이 태풍이 몰아치는 것까지는 예측할 수 없을 것이다.

그러나 태풍이 몰아치지 않고 자신이 심은 농작물이 풍년이 들었다고, 또 반드시 작년에 비해 소득이 나아진다고 말할 수 있을까? 꼭 그렇지만은 않다.

예컨대 우리가 경험하듯이 작년에 배추 값이 높아서 올해 배추를 심은 사람들이 많게 되면, 배추 값은 폭락하기 마련이다. 그래서 아무도 미래의 삶을 정확히 예측하기가 힘든 것이다.

우리가 어떤 행위를 하게 되면 반드시 어떤 결과가 나타나기 마련이다. 인과법칙에 따라 씨를 뿌리고 때가 되면 열매가 맺을 것이고, 벼를 심으면 쌀을 수확할 것이라는 것은 명확한 사실이다.

그렇듯이 거시적으로 보면 인과법칙은 삶의 기본 법칙이며, 세상을 움직이는 기본 법칙이다.

하지만 미시적으로 보면 세세한 원인들에 의한 인연의 법칙이 작동하고 있기 때문에 그 결과가 곧바로 드러나지 않거나 예측에서 벗어난 다른 결과가 나타나는 것이다.

그렇지만 한 가지 분명한 것은 우리는 미래를 정확히 예측할 수는 없지만, "사람은 누구나 자기 업에 따라 살아간다. 좋은 업이든 나쁜 업이든 업을 짓고 때가 되면 자신이 뿌린 대로 거두게 된다. 또한 궁극적으로 선한 업을 지으면 좋은 결과를 가져다주고, 악한 업을 지으면 나쁜 결과를 가져다준다"는 것은 변하지 않는 자연 법칙이다.

심리학자들은 어떤 사람의 어떤 특성들을 감안하면, 그 사람이 주어진 환경과 상황에서 어떻게 행동할지 미리 예측하는 것이 가능하다고 종종 말한다.

그러나 인간의 삶에 있어서 많은 사건들을 예측할 수 있지만, 그것은 지금과 같은 생각과 말과 행동이 계속해서 지속되는 경우에 한해서다.

당연히 예측이 전혀 불가능한 것은 아니다. 우리는 살면서 앞으로 내가 어떻게 될 것이고 어떤 상황에 처하게 되리라는 것을 어느 정도는 예측할 수 있다. 그리고 실제로 그 예측이 들어맞는 경험을 해본 적도 있을 것이다. 또 타인에 대해서도 마찬가지이다. 그 사람의 생각과 말과 행동을 보면, 그 사람의 미래를 어느 정도는 예측하는 것이 가능하다.

그러나 그것은 어디까지나 확률적으로만 예측이 가능할 뿐이다. 그 누구도 미래를 정확히 예측할 수는 없다.

예컨대 도둑질을 하면 밝혀지고, 거짓말을 하면 탄로 나기 마련이다. 그러나 그 행위를 어떻게 하느냐에 따라, 즉 꼼꼼하고 치밀하게 할수록 시간차가 생기고 밝혀질 확률은 달라질 것이다. 그렇다고 그 죄가 사라지는 것은 아니지만, 다른 많은 요인들이 작용하고 있기 때문에 미래의 어느 때 밝혀질 것이라고 정확히 예측할 수는 없다는 것이다.[33]

---

[33] 예컨대 어떤 권력자나 정부가 교묘하게 저지른 죄는 그 실체가 드러나는 데 시간차가 더 생길 수밖에 없다. 권력을 가진 사람들이 저지른 죄는 더욱더 은밀하게 이루어지기 때문이다. 그러나 아무리 몰래 한 일이더라도 시간차만 있을 뿐 때가 되면 드러나기 마련이다. 결국 나쁜 행위를 하게 되면 드러나게 되고 벌을 받게 된다. 하지만 이 세상에서 드러나지 않을 수도 있다. 그렇다 하더라도 그 업이 사라지는 것은 아니다. 결국 그 업을 짊어지고 가야 한다.

마찬가지로 선한 행동을 하는 사람은 반드시 좋은 결과를 거두기 마련이다. 그러나 그 행위로 말미암아 나타나는 결과 역시 정확히 어느 때 드러날 것이라고 예측할 수가 없다. 그렇다고 그 선한 행위가 사라지는 것은 아니다. 개인의 인연에 따라 시간차가 생기고 그 결과의 차이가 있을 수 있다는 것이다.

궁극적으로는 결국 누구나 자기 업에 따라 살아간다. 좋은 씨앗을 뿌렸든 나쁜 씨앗을 뿌렸든 자기가 뿌린 대로 거두게 된다. 악업을 쌓는 사람은 그 인연으로 인해 결국 벌을 받게 되고, 선업을 쌓는 사람은 그 인연으로 인해 결국 좋은 결실을 맺게 된다.

> 선업을 짓는 사람은 좋은 과보를 받고, 악업을 짓는 사람은 나쁜 과보를 받을 것이다. ―《잡아함경》

그럼에도 불구하고 우리가 어떤 행위를 하면 바로 바로 그 결과가 나타나면 좋을 텐데, 미래를 정확히 예측하지 못하고 '확률적'으로밖에 예측할 수 없다는 것이 마음에 들지 않는 독자들도 있을 것이다.

그러나 이런 확률적인 세계는 자연스러운 현상이다. 이 세계를 조금 더 주의 깊게 관찰해 보면, 세세한 인연의 요소들이 작동하고 있는 미시적인 세계가 존재하기 때문에 확률적으로 예측할 수밖에 없는 것 또한 자연의 법칙이다.

따라서 오히려 사소한 인연들도 소중하게 여기는 지혜로운 자세가 필요하다.

확률적인 세계도 자연스런 현상이다

사실 이런 확률적인 세계는 자연스러운 현상이다. 우주가 이런 확률적인 세계를 포함하고 있기 때문이다.

'인연의 법칙'은 '인과법칙'과 아주 비슷한 말이지만, 앞에서 말한 것처럼 인과법칙과 한 가지 아주 미묘한 차이가 있다. 이 두 가지 모두 어떤 현상이든 모든 것에는 원인이 있고, 원인이 있기 때문에 결과가 있다는 것은 같다.

모든 것에는 원인이 있고 원인이 있기 때문에 결과가 있는데, 인과법칙은 그 원인을 알면 그 결과를 정확히 예측할 수가 있다.

하지만 인연의 법칙은 모든 것에는 원인이 있고 원인이 있기 때문에 결과가 있지만, 그 세세한 모든 원인들을 다 알 수 없기 때문에 그 결과를 정확히 예측할 수가 없고 확률적으로만 예측이 가능하다는 것이다.

그러나 이는 인간의 삶뿐만 아니라, 사실은 자연계에서 일어나는 아주 자연스러운 현상이다. 이 우주도 마찬가지이다.

업을 인연의 법칙이라고 말하는 것이 더 정확한 표현이라고 말한 것도 사실은 우주 자체가 이런 확률적인 세계를 포함하고 있기 때문이다. 그래서 인간이 미래를 점쟁이가 점을 치듯이 예측할 수가 없는 것이다.

예컨대 이를 물리학의 용어에 비유한다면 이렇다. '인과법칙'은 물리학에서 말하는 예측이 가능한 거시적인 세계에서 일어나는 현상을 다루는 '고전역학(뉴턴역학)'과 같은 것이라고 한다면, '인연의 법칙'은 정확한 예측이 불가능하고 확률적으로만 예측이 가능한 미시적인 세계에서 일어나는 현상을 다루는 '양자역학'과 같은 것이라고 할 수 있다.

'거시적인 세계'에서는 현재의 상태를 정확히 알고 있다면 미래의 어느 순간에 어떤 사건이 일어날지를 정확히 예측할 수가 있다. 봄이 지나면 여름이 오고, 가을이 되면 사과가 열릴 것이고, 사과가 익으면 떨어진다는 사실을 정확히 예측할 수 있다. 사계절이 순서대로 오는 것은 지구가 태양의 주위를 돌고 있기 때문이고 사과가 땅에 떨어지는 것은 물체들 사이에 중력이 작용하고 있다는 것을 알고 있기 때문이다.

그래서 우리가 달나라에도 갈 수 있고, 명왕성을 탐사한 뉴호라이즌스호가 시속 50,000km의 속도로 날아가면 2019년 1월에 새롭게 탐사할 소행성('2014 MU69')에 근접할 것이라고 정확히 예측할 수 있다.

이것이 우리가 흔히 일상생활에서 관찰할 수 있는 인과법칙이다. 거시적으로 보면, 모든 자연 현상은 인과법칙을 따르고 있으며 우연이란 있을 수 없다.

그렇다면 미시적인 세계는 어떨까? 미리 말하지만 '미시적인 세계'에서는 비록 현재의 상태를 정확히 알고 있다 하더라도 미래의 어느 순간에 어떤 사건이 일어날지를 정확히 예측하는 것이 불가능하다. 다만 확률적으로만 예측이 가능하다. '양자역학'은 결정론적인 고전 물리학으로는 이해할 수 없는 이런 미시적인 세계에서 일어나는 확률론적인 현상을 다루는 물리학의 한 분야이다.

미시의 세계

잠시 미시의 세계로 들어가 보자. 미시의 세계란 별이나 달처럼 커다란 물체가 아니라 원자나 분자처럼 작은 물체를 말한다.

예를 들어 수소 원자가 하나 있다고 가정하자. 원자는 하나의 원자핵과 그것을 둘러싼 하나 또는 두 개 이상의 전자(電子)로 이루어진다. 수소 원자에서 전자는 원자핵을 중심으로 궤도를 그리며 돌고 있다.

그런데 우리가 눈으로 볼 수 없는 원자를 확대해 보면, 우리가 상상하는 것보다 원자 안에도 빈 공간이 굉장히 넓다. 실제 원자는 딱딱한 입자가 아니다. 그안에 극도로 미세한 전자들이 핵의 주위를 빛의 속도로 운동하고 있는 광대한 공간으로 구성되어 있다.

오스트리아 물리학자인 프리초프 카프라(Fritjof Capra)는 이를 두고 "그것은 물체라기보다는 차라리 하나의 사건이었다!"라고 말한 바 있다.

과학자들의 말에 의하면 원자핵을 지름 약 7cm의 야구공 크기로 확대하면, 원자는 700m, 즉 야구장 전체가 들어갈 정도의 크기가 된다고 한다. 전자는 원자핵 주위의 그 빈 공간 안에서 궤도를 그리며 돌고 있는 것이다.

뉴턴의 역학에서는 물체가 현재의 위치에서 어떤 속도로 움직이면 특정한 시간에 물체가 어디에 있을지 정확히 예측할 수가 있다. 그래서 우리는 우주선을 달에 보낼 수 있다.

하지만 미시의 세계에서는 이러한 일이 불가능하다. 우리가 이 미시의 세계에서는 전자가 원자핵 주위를 돌 때, 전자가 어떤 특정 시간에 어느 위치에 있을 것인지를 알 수가 없다.

하이젠베르크(Werner Karl Heisenberg : 1901-1976)가 말한 소위 '불확정성 원리'가 바로 그것이다.

왜냐하면 이런 미시의 세계에서는 '본다(관측)'는 사실만으로 물질의 변화를 초래하기 때문이다. 그 이유는 다음과 같다.

예를 들어 실제로 전자 상태를 측정한다고 하자. 우리가 알고 싶은 것은 전자의 '위치'와 '운동' 두 가지이다. 이것은 뉴턴 물리학의 기본적인 짝이다. 그러나 전자의 '위치'를 측정하기 위해서는 빛을 비추어야 한다. 우리가 물질을 볼 수 있는 것은 빛이 있기 때문이다. 그러나 이렇게 작은 물질에 빛을 비추는 경우 전자는 빛 입자, 즉 광자에 부딪쳐 튕겨져 나가버린다. 그 결과 관측하기 전의 궤도와는 전혀 다른 '운동' 상태가 되어 버리는 것이다(이 역시 관측자, 즉 인간의 노력과 의지가 인연의 하나의 요소이며, 이 우주에도 영향을 미치게 된다는 것을 의미한다). 전자는 가볍고 작기 때문에 광자에 의해 튕겨 나가는 것은 쉽게 상상할 수 있을 것이다.

그러면 이번에는 전자의 운동에 영향을 주지 않기 위해 빛을 억제해 보자. 이것은 짧은 파장을 완만한 긴 파장으로 변화시키는 것을 말한다. 그러나 긴 파장의 빛으로는 전자의 '위치'를 확인할 수가 없다.

결국 관측자는 위치와 운동, 양쪽을 동시에 알 수 없고 한쪽을 측정하면 다른 한쪽은 부정확해지고 만다. 이것이 우리가 말하는 하이젠베르크의 '불확정성 원리'이다.[34]

불확정성 원리는 관측하려는 대상물이 크면 클수록 그 영향은 작아진다. 달은 햇빛이 비치더라도 그 위치가 달라지지 않는다. 전자는 가볍고 작기 때문에 광자에 의해 튕겨지지만, 일상생활에서는 거의 무시될 정도로까지 작아져 그 영향이 미치지 않는 것이다.

그렇기 때문에 미시의 세계에서는 물질의 상태를 나타내기 위해 필수불가결한 위치와 운동의 쌍을 동시에 측정할 수가 없다.

---

34) NHK 아인슈타인 팀, 《아인슈타인의 세계》 3권, 104~105쪽

이런 경우 우리는 전자가 원자핵 주위를 돌 때, 어떤 특정 시간에 어느 위치에 있을지는 확률적으로 밖에는 예측할 수가 없다. 다시 말해서 어떤 위치에서 전자를 발견할 확률이 0.3이라면, 그 곳에서 전자를 찾을 확률이 30%임을 의미한다.

때문에 우리는 거시의 세계에서는 인과법칙에 의해서 언제 어떤 상황이 벌어질지 미래를 정확히 예측할 수 있지만, 미시의 세계에서는 다만 확률적으로 밖에는 예측할 수가 없는 것이다. 양자역학은 우주에 이런 확률적인 세계가 존재하고 있다는 사실을 밝혀낸 것이다.

다시 한 번 이를 아주 쉽게 설명하면, 우리가 어렸을 때 했던 술래잡기에 비유할 수 있다.

먼저 가위바위보로 술래가 정해지면, 나머지 아이들은 술래가 "무궁화 꽃이 피었습니다"라고 말하는 사이에만 자유롭게 움직일 수 있다. 이 놀이가 양자역학과 비슷한 점은 술래(관측자)가 보지 않을 때는 아이들(전자)이 아무렇게나 움직이다가 술래가 보면(관측한 경우) 아이들이 일정한 위치에서 정지한 채로 있게 된다. 고전물리학에서는 어떤 물체가 지금 어디에 있고, 또 관측할 때에는 어디에 있을 것인가를 방정식으로 예측할 수가 있다. 그러나 양자역학에서 물질은 변덕쟁이 인간처럼 행동한다. [마치 술래잡기처럼] 보지 않을 때 아이들(전자)은 어느 곳에서나 있을 가능성이 있다(거시의 세계에서는 보지 않더라도 우주선이 지금 어디에 있는지 알 수 있다). 즉 위치를 보기 전에는 어디에 있을지 이론적으로 전혀 예측할 수가 없다. 심지어 보는 순간까지도 어디에 있을 것이라고 예측할 수가 없다.[35]

또 하나 예를 든다면, 이는 올림픽게임에서 양궁 선수가 활을 쏘는 것과 비슷하다. 예컨대 50m 떨어져 있는 표적을 맞추기 위해 활을 쏜다고 가정해 보자. 활은 과녁을 맞히기 위해서는 목표물보다 높게 쏘아 포물선을 그리며 날아가게 해야 한다.

활을 쏘는 선수가 평소의 연습한 대로 활의 어디를 잡고 쏘는가, 활을 쏘는 손의 움직임, 역학적인 힘의 상태, 어느 정도의 높이에서 쏘는가, 활이 날아가는 마찰 계수, 활의 무게, 공기의 움직임, 주변의 분위기, 선수의 노력과 의지 등 이렇게 세세한 조건들을 똑같이 완벽하게 갖출 수가 있다면 평소처럼 10점을 맞출 것이라고 예측할 수 있다.

그러나 이것이 가능할까? 우리는 이런 경우 확률적으로만 예측이 가능할 것이다. "그 선수는 10점이 나올 확률이 90%는 돼!"라고 말할 수는 있다. 물론 이런 확률도 극단적인 경우에는 빗나갈 수 있다. 1등을 하리라고 거의 100% 예상했지만, 우사인 볼트가 100m 결승에서 부정 출발로 실격당하는 사례와 같은 경우도 있기 때문이다.

거시적으로 보면, 모든 자연 현상과 인간의 삶은 인과법칙을 따른다. 그러나 미시적인 세계까지 아울러 본다면, 우리가 보지 못하는 여러 원인들이 작용하고 있기 때문에 정확히 예측할 수 없는 확률적인 세계가 펼쳐진다. 실제 자연현상이 그러하다.

고전역학이 결정론적인 인과법칙에 의한 '강한 결정론'이라면, 양자역학은 확률로 인과관계를 서술할 수밖에 없는 확률적인 '약한 결정론'이라고도 말할 수 있다.

그렇다고 그것이 우연이 존재한다는 것을 의미하는 것은 아니다. 다

---

35) NHK 아인슈타인 팀, 《아인슈타인의 세계》 3권, 123쪽

만 미래를 100% 정확히 예측할 수 없다는 것뿐이다.

그래서 인과법칙은 누구나 쉽게 이해할 수 있다. 거시의 세계를 다루는 뉴턴의 고전역학처럼 우리가 눈으로 볼 수 있고 알 수 있는 결정론적이기 때문이다.

하지만 인연의 법칙을 쉽게 이해하지 못하는 것은 우리가 눈으로 볼 수 없는 미시의 세계를 다루는 양자역학처럼 확률론적인 세계가 존재하고 있기 때문이다.

우리가 '업'을 제대로 이해하지 못하고 무시하려고 하는 것도 바로 이런 이유 때문이다.

그러나 우리가 한 그 어떤 행위든 인연이 충족되면, 그 결과가 반드시 드러나게 된다. 그 결과가 곧바로 드러나지 않는다고 행위 자체가 없어져 버리는 것이 아니다. 우리는 뿌린 대로 거두게 된다. 그 결과가 언제 어떻게 나타날지 100% 정확히 예측할 수 없을 뿐이다.

이 세상에 공짜로 혹은 우연히 얻어지는 것은 하나도 없다. 우리 눈에 우연이고 기적인 것처럼 보일 뿐이다. 우리의 삶과 이 세상은 우리가 한 행위, 우리가 지은 업이 인연이 되어 드러난 결과이다.

라플라스 도깨비의 비유

이제 '인과법칙이 작동하고 있는데도, 우리가 지은 업(혹은 우리가 뿌린 씨앗)이 왜 바로 바로 그 결과를 드러내지 않는 걸까?'라는 의문이 조금은 풀렸으리라 생각한다. 그러기 위해서는 여러 조건들이 충족되어야 하기 때문이다. 하나의 원인이 하나의 결과를 만들어 낸다거나 원인이 항상 결과보다 앞서 일어난다고 생각하기 쉽지만, 어떤 결과든 한 가지 이상의 원인이 존재해야 하고, 결과가 또 하나의 원인이 되기도 한다. 그래서 업은 인과법칙이면서 동시에 인연의 법칙이라고 말하는 것이다.

비록 미래는 정확히 예측할 수 없지만, 이런 확률적인 세계는 자연스러운 현상이라는 것이다.

때문에 우리가 인과법칙에만 매달리게 된다면, 자칫 '라플라스 도깨비'가 되어 버릴 수가 있다.

'라플라스 도깨비'(혹은 '라플라스 악마')는 프랑스의 수학자 피에르 시몽 라플라스(Pierre Simon de Laplace : 1749-1827)가 상상한 가상의 존재이다. "우주에 있는 모든 원자의 정확한 위치와 운동량을 알고 있는 존재가 있다면, 이것은 뉴턴의 운동법칙을 이용하여 과거와 현재의 모든 현상을 설명해 주고, 미래를 예언할 수 있을 것이다"라며, 미래까지 예측이 가능한 존재, 즉 라플라스 도깨비를 가상으로 만들어낸 것이다.

19세기까지는 뉴턴의 고전역학이 의심할 여지없는 세계의 상식이었다. 라플라스는 뉴턴의 역학을 철저하게 다듬었고, 뉴턴의 역학이나 수학을 이용하면 많은 현상을 설명할 수 있다는 것을 발견했다. 그 결과 라플라스는 모든 현상을 뉴턴 방정식으로 설명할 수 있다고 생각하기에 이르렀고, 이런 가상의 존재를 만들어 낸 것이다. 이를 19세기 말의 어떤 과학자가 비꼬아 '라플라스 도깨비'라고 이름 붙인 것이다.

간단히 말해서 라플라스 도깨비는 과거와 현재의 모든 것을 알고, 그것을 바탕으로 미래에 일어날 일까지 정확히 예언할 수 있는 존재이다. 만약 누군가가 우주의 모든 원자들의 정확한 위치와 운동량을 알고 있다면, 고전역학의 법칙들로 그 원자들의 과거나 미래의 물리 값도 알아

넬 수 있다고 생각할 것이다. 라플라스 도깨비는 바로 그런 생각이 만들어낸 존재이다.

이는 근대 자연과학의 요청이기도 했던, 모든 결과에는 원인이 따른다는 인과법칙과 우주는 기계처럼 정연하게 결정된 대로 운행되고 있다는 세계관의 반영이라고 할 수 있다. 이것은 완벽한 결정론의 세계로서 미래도 역시 결정되어 있다는 것을 의미한다(인간의 행동이나 결정 등을 포함해서 모든 사건이나 일들이 이미 필연적이고 불가피한 결과라는 것이다). 이 악마는 수첩을 가지고 있고, 그 수첩에는 나와 당신이 내일 몇 시에 무엇을 할 것인지, 또는 10년 후에는 무엇을 할 것인지가 모두 쓰여 있어 알 수 있다고 한다.

그러나 이미 말했듯이 1927년 베르너 하이젠베르크가 불확정성의 원리라는 물리 법칙을 발견해 내었다. 이는 한 물체에 대해서 위치와 운동 상태를 동시에 아는 것은 불가능하다는 것이다. 그것은 지식이나 기술이나 방법의 문제가 아니라 자연의 본질이 그렇기 때문이다. 이 우주는 예측이 가능한 세계와 예측이 불가능한 세계로 이루어져 있는 셈이다. 자연 현상에는 우리가 넘을 수 없는 한계가 있으며, 그것은 확률적인 세계가 존재하고 있기 때문이다.

결국 양자역학이 등장하면서 고전역학은 흔들리게 되었고, 라플라스 도깨비 역시 설자리가 없게 되었다.

왜냐하면 과거와 현재의 정보가 있다고 하더라도 미래는 확률로써 나타날 수 있는 불확정성이 존재하고 있기 때문이다. 또한 설사 미래가 결정적이라고 가정하더라도 인간의 자유의지에 따라 그것이 고정불변의 것이 아니라 얼마든지 바뀔 수 있기 때문이다.[36]

이는 거꾸로 미래는 무한히 열려 있다는 의미이다. 이와 같은 사실은 대단히 의미심장한 이야기이다.

왜냐하면 그래서 우리에게 희망이 있고, 인간의 자유의지에 따라 미래를 얼마든지 창조할 수 있기 때문이다.

예컨대 설사 알 수도 없지만, 우리가 우주의 시작을 안다고 하더라도 미래를 정확히 예측할 수가 없다. 노자의 말처럼 더욱이 인간은 우주의 시원(始原)을 알 수 없다. 만약 우주 만물의 시원이 있다면 그것이 생겨나기 이전의 시원이 있어야 할 것이며, 그것은 그에 앞선 시원이 있어야 할 것이므로 시원의 시원은 끝없이 계속되기 때문이다.

그러나 우주의 시작을 알 수도 없지만, 설사 안다고 하더라도 미래를 예측할 수가 없다. 미래는 결정되어 있는 것이 아니라 열려 있기 때문이다.

시간적인 요소를 고려한다면, 마찬가지로 미래의 '나' 또한 무한한 '나'가 된다.

왜냐하면 지금 내가 하는 행위에 따라서 혹은 노력과 의지에 따라서 미래의 '나'가 만들어지기 때문이다. 그래서 미래의 '나' 또한 무한히 열려 있다.

그래서 우리는 태어나면서 삶이 정해진 것이 아니라, 지금 이 순간 자신이 짓는 업에 따라 가까운 미래든 먼 미래든 계속해서 변할 수밖에 없다. 그저 뿌린 대로 열매를 거둘 뿐이다. 악한 업을 지으면 괴로움이 따르고, 선한 업을 지으면 즐거움이 따른다. 언제 어떻게 그 열매를 거두게 될지를 정확히 예측할 수는 없다. 다만 확률적으로만 예측이 가능하지만, 결국 뿌린 대로 거둘 수밖에 없고 그것이 현실에서 삶으로 나타난

---

36) 이는 설사 누군가가 미래를 결정지어 놓고 우주를 창조했다고 하더라도 자신이 통제할 수 없는 상태가 되어 버린다.

다. 그리고 그것이 나의 모습이고, 나다.[37]

현실 세계는 미시의 세계를 포함한다

거시의 세계에서는 모든 것이 명확하다. 인과법칙에 따라 어떤 원인이 있으면 어떤 결과가 벌어질 것인지 앞날을 정확히 예측할 수가 있기 때문이다.

그러나 우리가 사는 현실 세계에서는 불확정성의 세계가 존재한다. 왜냐하면 현실 세계는 미시의 세계까지를 포함하고 있기 때문이다.

그럼에도 불구하고 만약 우리가 이런 인연의 법칙을 인정하지 않고 미래를 정확히 예측할 수 있는 거시적인 세계에서의 인과법칙에만 얽매인다면, 자칫 라플라스 도깨비가 되어 버릴 수 있다.

예컨대 세상에는 악업을 짓고 있는 사람이 잘 사는 경우도 있고(물론 그 사람의 마음속을 들여다보지 못하기 때문에 정말 행복할지는 모른다), 또 선업을 짓고 있는 사람이 고통을 받는 경우도 있다(이 역시 그 사람의 마음속을 들여다보지 못하기 때문에 정말 불행할 것이라고는 말할 수 없다).

그 뿐만 아니라 현실 세계에서는 인간이 기울이는 노력의 결과가 여러 가지 모습으로 나타날 수 있고, 심지어 뜻밖의 일로 실망하는 경우도 생길 수가 있기 때문이다.

이런 현상을 보면서, 인간의 노력이나 의지와는 상관없이 세상이 굴

---

[37] 마찬가지로 이 생에 인간으로 태어났다고, 다음 생에도 인간으로 태어난다는 보장이 없다. 이 역시 자신이 지은 업에 달려 있다. 짐승처럼 생각하고 말하고 행동하면 다음 생은 짐승으로 태어날 수도 있고, 악업으로 지옥에 태어날 수도 있고, 선업으로 천상에 태어날 수도 있다. 왜냐하면 가까운 미래든 먼 미래든 결정되어 있는 것이 아니기 때문이다.

러간다며 인과법칙을 부정하려 든다거나 혹은 인간의 힘으로는 어찌할 수 없다며 신에 의존하려 한다면, 이는 자칫 라플라스 도깨비에게 의존하려 하는 것과 같다. 아니면 세상은 인간의 노력이나 의지와는 상관없이 우연이나 제멋대로 돌아간다며 삶을 운에 맡기려고 한다면, 쾌락을 일삼거나 혹은 무력감에 빠져 절망하거나 자포자기하는 길로 갈 수가 있다.

그러나 이와 같은 현상이 벌어지는 것은 신의 뜻도 아니고 우연이나 제멋대로 세상이 돌아가서가 아니라, 인연의 법칙이 작동하기 때문이다.

지금도 우리는 살면서 이해할 수 없는 일들을 보거나 겪기도 하고, 전혀 알 수 없는 일들을 경험하게 된다. 이런 경우, 사람들은 여전히 '이 세상이 아무런 법칙도 없이 제멋대로 굴러 간다거나', 혹은 '우연'이라고 생각하기 쉽다.

그러나 이 세상에 원인 없는 결과는 없다. 우리 눈에 아무리 기적과 같은 일이라고 하더라도, 이 세상에는 우연히 생겨나는 것은 하나도 없다.

그럼에도 불구하고 만약 미래를 정확히 예측할 수 있는 결정론적인 인과법칙에만 매달리면서 이런 인연의 법칙을 받아들이지 않는다면, 결코 삶을 변화시킬 수 없다.

이런 경우 우리는 양자역학이 라플라스 도깨비를 타파해 버린 것처럼 인연의 법칙으로 인과법칙을 극복해야 한다.

4
이 세상에 우연이란 없다

그럼에도 불구하고 만약 미래를 정확히 예측할 수 있는 '결정론적'인 인과법칙에만 매달리면서(물론 인과법칙은 보편적인 법칙으로 작동하고 있다), 우리가 미래를 정확히 예측할 수 없다고(이는 인과 연이 충족되어야 하기 때문이다) 이 세상이 아무런 법칙도 없이 제멋대로 굴러 간다거나 혹은 우연히 일어나는 일이라고 생각한다면, 다음과 같은 개구리의 비유를 하나 들어보겠다.

개구리는 마치 기묘한 세계에 살고 있는 것 같다. 왜냐하면 개구리는 움직이는 것은 감지할 수 있지만 정지해 있는 것은 감지할 수 없기 때문이다. 만약 개구리의 세계를 영상화 한다면 틀림없이 아주 불가사의하고 흥미로운 것이 될 것이다. 개구리에게 하늘을 날고 있는 새는 보인다. 그러나 그 새가 나뭇가지에 앉은 순간, 새의 존재는 개구리의 세계로부터 존재의 저편으로 사라져 버리고 만다. 개구리에게 정지해 있는 물체는 존재하지 않는 것과 같다. 무(無)인 것이다. 왜냐하면 알 수 없는 것은 존재하지 않는 것과 같기 때문이다. 일반적으로 존재와 인식은 일치한다(하이젠베르크의 말처럼 "오늘 우리가 원자의 구조를 들여다보았다고 하자. 거기에서 우리는 무엇을 보았을까? 우리가 거기에서 본 것은 우리의 의식 구조 그 자체이다"). 이것은 단지 개구리만의 이야기가 아니다. 정지된 세계가 개구리에게는 다른 차원의 세계인 것처럼, 인간에게도 알 수 없는 또 다른 차원의 세계가 있을지도 모른다. 이런 상상을 하는 것은 자연스러운 일이다. 알 수 없다고 해서 그 존재를 부정할 수 있을까?[38]

물질은 보는 것만으로도 변한다

앞의 이야기는 개구리와 시공에 관한 이야기이다. 개구리는 정지한 것은 인식할 수 없다. 그러므로 정지해 있는 세계는 개구리의 시공의 범주 밖에 있다. 개구리에게 있어서 그곳은 다른 차원의 세계이다. 인식을 초월한 세계는 존재하지 않는 것과 같다. 하늘을 날던 새가 고목의 가지에 내려앉는 순간, 새는 '존재의 저편'으로 사라져 버린다. 개구리에게는 이 순간이 특이점일지도 모른다.[39]

그러나 이것은 단지 개구리만의 이야기가 아니다(개구리뿐만 아니라 카멜레온, 사마귀 등은 움직이지 않으면 먹잇감을 감지하지 못한다). 우리 인간에게도 알 수 없거나 이해하지 못하는 또 풀지 못한 다른 차원의 미시적인 세계가 있다. 인간의 지식이나 능력으로 알 수 없다고 해서 그 미시적인 세계를 부정한다면, 인간에게는 그 순간이 특이점일지도 모른다.

이렇게 보면 인간과 개구리는 별 차이가 없는 것 같다. 만약 '신의 눈'이라는 것이 있다면, 개구리와 인간의 세계에 대한 인식의 차

---

[38] NHK 아인슈타인 팀, 《아인슈타인의 세계》 4권, 13쪽 참고
[39] NHK 아인슈타인 팀, 《아인슈타인의 세계》 4권, 193쪽

이는 너무 미미해 거의 차별성이 없는 것처럼 보일 것이다.

그러나 만약 인간과 개구리의 인식력에 본질적인 차이가 있다면, 그것은 이런 것이 될지도 모르겠다. 인간은 시공이라는 개념을 초월한 메타 레벨을 가상해 봄으로써, 일종의 지적 초월을 시도하는 것이다. 자기 자신이 살고 있는 세계를 인식하는 근본적인 틀, 즉 시공의 외부로 나오려는 인식의 모험, 그것이야말로 개구리와 비교할 수 없는 인간의 지적 우월함의 증거로 볼 수 있을 것이다.[40]

자연 현상 가운데 빛의 불가사의한 이야기를 하나 하려고 한다. 예를 들어 먼 표적지에 슬릿(slit : 틈새 혹은 구멍)을 두 개 뚫어 놓고, 하나의 구멍을 향해 빛을 쏜다고 가정하자. 이 경우 빛이 어느 쪽 구멍으로 들어갈까? 실제 실험을 통해서 밝혀진 사실은 빛을 쏠 때마다 겨냥한 틈새로 다 들어가지 않았다. 심지어는 두 개의 구멍으로 동시에 들어가는 경우도 있다.

그래서 많은 사람들은 이 세상에는 우리가 모르는 우연이 존재한다고 생각했다.

그러나 나중에 이런 현상이 일어나는 것은 빛이 입자이며 동시에 파동이기 때문이라는 사실이 밝혀졌다(입자는 직선으로 날아가지만, 파동은 '간섭현상'을 일으킨다. 즉 호수에 돌을 던지면 물결을 일으키듯이 파동은 이런 물결 모양으로 날아가기 때문에 여러 구멍을 동시에 통과할 수 있다).

여기서 한 가지 재미있는 현상이 있다. 두 개의 슬릿을 A와 B로 나누어 빛이 어느 쪽 틈새를 통과하는지 '관측'을 하면, A를 통과하는 것과

---

[40] NHK 아인슈타인 팀, 《아인슈타인의 세계》 4권, 193~194쪽

B를 통과하는 것의 비율은 거의 같았다.

그런데 이 경우에는 빛이 파동의 성질을 잃어버려 동시에 통과하는 현상이 사라져버린다는 사실이다. 파동은 물결 모양의 줄무늬가 생기는 간섭현상을 일으키는데, 우리가 어느 쪽 틈새를 통과하는지 관측을 하면 이런 줄무늬가 생기지 않는다. 관측하면 파동의 성질이 사라져버리는 것이다.

그러나 다시 빛이 어느 쪽을 통과하는지 관측하지 않으면 빛이 두 개의 틈새를 동시에 통과한다는 사실이다. 파동의 성질을 다시 회복하는 것이다.

마치 인간의 의사가 물질에 전해져 광자가 그것에 따라 행동이 변하는 것처럼 생각할 수 있는 일들이 벌어지고 있는 것이다. 즉 보는 것만으로도 빛의 성질을 변화시켜 버리는 것이다. 쉽게 말하면 사람이 보면 보이지 않게 된다는 것이다.

앞에서 우리 인간의 행위, 즉 인간이 짓는 업이 우주에도 영향을 미치고 있다고 말한 바 있다. 이를 통해서도 우리가 하는 행위가 하나의 원인이 되고 있고, 인과 연에 영향을 미치고 있는 것을 알 수 있다. 우리의 삶뿐만 아니라 우주에도 말이다.

그런데 어떻게 하나가 두 개의 틈새를 동시에 통과할 수 있을까? 그리고 이러한 현상이 왜 우리가 관측하면 사라져버리는 걸까? 참으로 불가사의한 일이다.

그것은 우리가 일상생활에서 쉽게 경험할 수 없기 때문에 그렇게 생각하는 것이다.

기본적으로 우리의 일상 세계는 한 곳에 있으면 다른 곳에는 있을 수 없다. 그 이유는 광자와 같은 미시의 세계에 비하면 우리의 체중(예를 들어 60킬로그램)은 너무나 무겁기 때문이다. 결국 파동성은 거의 무시해도 좋을 정도가 된다.

그러므로 우리는 두 곳의 창문을 동시에 통과할 수 없다. 입자이면서 파동인 빛처럼 자유자재로 변할 수가 없는 것이다.

그러나 실제 이러한 현상이 광자를 비롯한 소립자의 세계에서는 일상적으로 일어나고 있다.

사람들은 물론 과학자들마저도 이러한 현상이 나타나는 것을 일상 경험으로 비춰보면서 이해하려 하지 않았고, 더군다나 보는 것만으로도 물질에 영향을 미치는 사실을 도저히 납득하지 않으려 했다. 심지어 아인슈타인마저도 양자역학을 인정하려 하지 않았다. 사실 양자역학도 그의 이론에서 나온 것이었지만, 그는 라플라스 도깨비의 비유처럼 "신은 주사위 놀이를 하지 않는다"며 결정론적 인과관계에 매달렸다. 물론 그가 말한 신은 '자연'을 뜻한다. 그는 양자역학의 기초가 되는 확률론적인 인과법칙이 마음에 들지 않았고, 또 단지 '본다'는 사실만으로 물질의 변화를 초래한다는 사실이 마음에 들지 않았던 것이다. 그래서 마치 개구리에게 가지에 내려앉는 순간, 새는 '존재의 저편'으로 사라져버리는 것과 같이 애써 외면하려 했던 것이다.

그러나 양자역학은 이렇게 입자가 파동의 성질도 함께 갖고 있기 때문에 불가사의한 것이다.

그래서 빛이 두 개의 틈새를 동시에 통과할 수 있고, 이러한 현상이 우리가 관측하면 사라져버린다는 것이 불가사의한 일로 느껴지는 것은 우리가 일상생활에서 쉽게 경험할 수 없기 때문에 그렇게 생각한 것이다.

그러나 이를 받아들이지 않는다면, 이는 개구리에게 새가 가지에 내려앉는 순간, 새는 존재의 저편으로 사라져 버리는 것과 같다.

이러한 입자와 파동의 이중성은 빛만이 아니다. 자연계에 존재하는 모든 입자는 또한 파동의 성질을 갖는다. 전자의 경우도 보통 입자로 생각되지만 빛의 경우와 마찬가지로 파동의 성질을 가지고 있다. 이 역시 실험을 해보면 물결 같은 간섭현상이 나타나는 것을 알 수 있다. 모든 물질이 이와 같이 입자와 파동의 이중성을 지니고 있는 것이다. 자연 현상 가운데 우리가 불가사의한 것으로 여기는 그 어떤 현상도 우연이나 제멋대로가 아니라 사실은 다 원인이 있는 것이다.

그리고 우리가 하는 행위는 자신의 삶뿐만 아니라 이 우주에까지 영향을 미치고 있다. 심지어 보는 것만으로도 이 세계에 영향을 미치고 있는 것이다.

개구리와 인간의 차이

인간도 양자의 세계와 비슷하다. 인간 또한 마치 양자처럼 예측할 수 없는 행동을 하기 때문이다. 인간의 행동은 물리학적인 법칙으로 예측하기에는 너무 복잡하다. 예컨대 우리는 언제 죽게 될까? 당장 내일이라도 자전거를 타고 가다가 교통사고로 죽을지도 모르고, 150살까지 살아서 뉴스에 나올지도 모른다. 사람들의 수명이 평균 80세라고 가정한다면, 81세 이후는 내가 죽을 확률이 높아지지만, 그렇다고 모두가 반드시 거기에 따르는 것은 아니다. 흡연을 해도 장수하는 사람이 있고, 같은 양의 술을 마셔도 어떤 사람은 간경화에 걸리고, 어떤 사람은 100세까지 산다. 같은 영화를 보아도 어떤 사람들은 감동해서 눈물을 흘리고,

어떤 사람들은 별 반응이 없거나 혹은 재미없다고도 말하는 사람들도 있다. 환경, 유전, 경험, 성격, 교육, 문화, 습관 등 도저히 예측할 수 없는 복잡한 요소들이 인연이 되어 한 인간을 결정하고 있기 때문이다.

그래서 사실은 이 세계에서 벌어지고 있는 모든 일들은 우리가 아는 기상 지식과 비슷하다. 우리는 기상 변화를 일으키는 물리학적 원리들을 알고 있다. 이런 물리학적 원리들을 이용하여 지나간 기상학적 변화들을 설명할 수 있고, 장기적인 측면에서 앞으로의 기상 변화에 대한 예측도 어느 정도는 가능하다(예컨대 이런 환경이 지속되면, 몇 년 후에 지구의 온도가 1도가 높아질 것이다). 그러나 우리는 내일의 날씨조차도 완벽하게 예측하지 못한다.

왜냐하면 현재의 기상 상태를 결정하는 수많은 요인들이 세밀하게 서로 작용을 하기 때문이다. 현재의 상태—대기 중에서 일어나는 모든 현상과 땅에서 일어나는 모든 현상—를 완벽하게 이해할 수 없기 때문에 미래에 대한 예측은 제한을 받을 수밖에 없다. 그래서 비가 올 확률은, 눈이 올 확률은, 태풍이 불 확률은 몇 퍼센트라고 말하는 것이다(먹구름을 보면 비가 올 것이라고 예측한다. 그러나 비가 올 것 같다가도 날씨가 추워지면 눈이 내리는 것은 비가 눈으로 바뀔 수밖에 없기 때문이다). 심지어 인공위성을 통해 태풍을 관측하면서도 태풍의 진로를 예측하지 못하는 경우도 이런 이유 때문이다.

그렇지만 알 수 없다고 해서 태풍이 일어나는 것을 우연이나 제멋대로라고 말할 수 있을까? 그렇지 않다. 이 세상에 우연히 생겨나는 것은 하나도 없다.

많은 사람들이 날씨는 우연히 혹은 제멋대로 생기는 것이라 생각할지 모른다. 하지만 그날그날의 날씨가 춥거나 덥거나, 눈이 오거나 비가 내리거나 혹은 바람이 불거나 태풍이 몰아닥치는 것도 우연히 혹은 제멋대로가 아니라 여러 자연현상의 조건들이 합쳐져 일어나는 것이다. 겨울철에 한파가 몰아닥치는 것은 대륙성고기압의 영향을 받기 때문이고, 여름철의 태풍은 태평양의 열대성 저기압의 영향을 받기 때문이고, 이상기온이 발생하는 것은 엘리뇨(El Niño : 스페인어로 '어린아이' 혹은 '아기 예수'라는 뜻) 현상 등 지구 온난화로 인해 영향을 받기 때문이다.

그날의 기상도 우연이나 제멋대로 일어나는 것이 아니고, 빛이 두 개의 슬릿뿐만 아니라 셋 혹은 여섯 개의 틈새를 동시에 통과하는 것은 빛이 입자이며 파동이기 때문이다.

어떤 현상이든 그 원인이 존재한다. 단지 인간의 힘으로는 혹은 인간의 어지간한 지혜로는 알 수 없기 때문에 우연이라든지 제멋대로라든지 기적이라고 말한다면, 이 또한 개구리에게 하늘을 날던 새가 고목의 가지에 내려앉는 순간, 새는 존재의 저편으로 사라져 버리는 것과 같다.

모든 일에는 원인이 있다. 이 세계는 인과 연에 의해 연기적으로 얽혀 있으며, 인간의 의지와 노력, 결정론, 확률론이 다 섞여서 인과 연이 되어 서로가 서로에게 영향을 주고받으며 움직이고 있다. 이것이 있는 그대로의 모습이다.

그래서 미래는 인간의 지혜로 어지간해서는 알아차리기가 참으로 힘든 것이다.

부처는 "연기의 바다는 깊고 깊어 보기도 어렵고 알기도 어렵다"라고 말한 바 있다.

그럼에도 불구하고 만약 인간과 개구리의 인식력에 본질적인 차이가 있다면, 그것은 일종의 지적 초월을 시도함으로써 인간은 개구리와 달리 이런 깨달음에 이르는 지혜가 있다는 것이다.

예컨대 개구리는 정지한 것은 인식할 수 없다. 하늘을 날던 새가 고목의 가지에 내려앉는 순간, 새는 '존재의 저편'으로 사라져 버린다. 개구리에게 있어서 그곳은 다른 차원의 세계이다.

마찬가지로 우리 인간에게도 알 수 없거나 이해하지 못하는 또 풀지 못한 다른 차원의 세계가 있다. 우리 역시 인간의 지식이나 능력으로 알 수 없다고 해서 그 세계를 부정한다면, 인간과 개구리는 별 차이가 없을 것이다.

업의 힘

슬픈 이야기지만, 오늘날에도 전쟁이 끊이지 않고 있다. 하지만 이런 전쟁터에서도 살아남는 어린아이들의 뉴스를 접하면서 안도의 한숨을 쉬기도 한다. 또한 지진이 일어나 땅이 갈라지고 건물이 무너진 곳에서도 살아남아 극적으로 구출되는 소식을 들으며 기쁨의 환호성을 지를 때도 있다. 그렇다면 우리가 어지간해서는 알아차리기 힘든 이런 기적 같은 일들은 어떻게 벌어지는 걸까?

예를 들어 지진이나 홍수와 같은 대재앙은 한꺼번에 수백 명을 죽음으로 몰아가지만, 어떤 사람들은 여기저기서 탈출을 하거나, 안전한 곳으로 떠밀려가거나, 겉으로만 살짝 다친 채 구조되기도 한다. 심지어 비행기가 추락해도 살아남는 사람들이 있다. 이런 기적 같은 일들이 왜 일어나는 걸까? 우연일까? 혹은 기적일까? 그렇지 않다. 그것은 그들의 운명이 다르기 때문이다. 그래서 [살아남을 확률이 0%에 가깝지만 그런 상황 속에서도 그 인연으로 인해 기적같이 살아남는 것이다.

이와 같이 집단이나 혹은 국가의 운명과 충돌이 일어날 때 개인의 운명이 집단의 운명으로부터 벗어나는 사람들이 있다.

우리 눈에는 우연이나 기적으로 보일지 모르지만, 실은 그 업의 인연으로 집단의 운명에서 벗어날 수 있는 것이다(즉 어느 한 개인이 집단의 운명에서 벗어날 수 있는 것은 개인의 업이 집단의 운명을 극복할 만큼 남다르기 때문이다).

역사를 통해서도 알 수 있듯이 어떤 특정한 시기나 혹은 심리적으로 어려운 시기에 평범하지 않은 사람들이 용기를 주거나 혹은 그 시대를 지도하는 일들이 일어나는 것을, 역사는 우리에게 생생하게 보여준다. 그들이 남성일 때도 있고 혹은 여성일 때도 있지만, 그들은 집단의 운명에서 크게 벗어난 사람들이다.[41]

한 개인이 집단의 운명에서 벗어나거나 혹은 한 개인이 역사의 신기원을 만든다는 것은 결코 쉬운 일이 아니다. 그러나 그럴 수 있는 것은 그 사람의 업이 다르기 때문이다. 그 인연으로 인해 남다른 일을 해낼 수 있는 것이다. 이것이 업의 힘이다.

업은 씨앗과 같다. 그 종자에 따라 사람들의 성격과 자질과 생김새를 형성하고, 질박함과 투박함을 형성하기도 하지만, 작게는 한 집안을 크게 일으키는 경우부터 크게는 인간의 진화에 있어서 인류에게 유익한 역사적인 작업을 수행할 수 있도록 하는 능력까지도 부여한다.

이 역시 인간의 지식이나 능력으로 이해하거나 알 수 없다고 해서 우연히 일어난 기적 같은 일이라고 생각하며 업의 힘을 부정한다면, 이 또

---

41) Paul Brunton,《*What is Karma?*》, p.68

한 개구리에게 정지한 것은 존재하지 않는 것과 같다.

사실 이러한 능력은 자연 현상계에서는 흔한 일이다. 예컨대 자연 현상계에 존재하는 수많은 생명체들 가운데는 그 종자에 따라 풀 한 포기 물 한 방울 없는 고비사막에서도 살아남는 생명체가 있다. 도저히 불가능하다고 여기는 어두컴컴한 해저 깊은 곳에서도 살아남는 생명체가 있다. 같은 생명체지만 그 종자가 다르기 때문이다.

마치 마술을 부리는 듯한 생명체들도 있다. 수많은 생명체들 가운데 집계말미잘은 스스로 자기복제를 하고(생명 윤리에 대한 찬반을 잠시 떠나 생각해보면, 인간이 하찮게 여길지도 모르는 집계말미잘에 비하면 인간의 복제 기술은 비교도 되지 않을 정도다), 악어는 이빨을 잃어도 도룡용은 다리를 잃어도 재생이 되고, 병코돌고래는 뇌를 반반씩 나누어 잠을 자기 때문에 잘 때도 깨어 있는 능력이 있다.

우리의 상식을 뛰어넘는 생명체들은 헤아릴 수 없을 정도다. 갯민숭달팽이는 암수동체로 옆구리에서 알을 낳고, 해마는 수컷이 산통을 겪으며 새끼를 낳고, 흉내문어는 몸의 빛깔이나 모양을 자유자재로 바꾸는 능력을 지니고 있다.

카멜레온 역시 몸의 빛깔을 자유자재로 바꾸는 능력을 지니고 있지만, 그 능력은 흉내문어에 비하면 아무 것도 아니다. 흉내문어는 몸 빛깔뿐만 아니라 모양을 바꾸는 데 1초도 걸리지 않는다. 몸의 색깔은 말할 것도 없고 바위에 앉으면 바위 모양, 모래 위에 앉으면 모래 모양, 해초 곁에 머물면 해초 모양, 산호 옆에 머물면 산호 모양, 포식자가 나타나면 독을 지닌 뱀처럼 모양을 바꾸는 등 그 색깔과 모양이 변화무쌍하다.

말레이시아안경원숭이는 머리를 360도 돌릴 수 있고, 군대개미는 눈이 보이지 않지만 냄새만으로 행군을 하고, 거미 가운데 나무거미의 거미줄은 강철보다 강하고, 노래기는 포식자로부터 자신을 지키기 위해 위장한 등껍질에 400종이 넘는 식물이 자랄 정도다.

그물무늬유리개구리는 몸이 투명해서 장기가 훤히 드러나 보이는가 하면, 숲개구리는 그 종자에 따라 스스로 몸을 얼려 최대 9개월 동안 생명을 정지시킬 수가 있고(냉동인간은 엄청난 고도의 기술이 필요하지만, 이 개구리에게는 아주 쉬운 일이다. 예컨대 사람의 뇌는 100억 개가 넘는 신경 세포로 이루어져 있는데, 냉동인간의 단 하나의 세포만 이상이 생겨도 다른 신경 세포들이 동시에 문제를 일으켜 되살아나지 못하고 목숨을 잃게 된다), 송장개구리는 겨울이면 뇌와 심장 활동을 멈춘다. 그리고 봄이 되면 되살아난다.

심지어 곤충 가운데 동면을 하는 생명체도 있다. 오세아니아에서 주로 서식하는 웨타(Weta : 메뚜기처럼 생긴 것으로 70종 정도의 종류를 총칭해서 부름)라는 곤충 가운데 나무웨타 역시 동면을 한다.

완보동물(영어로 'Tardigrada'라는 명칭은 '느린 걸음'이라는 뜻이고, 4쌍의 다리로 걷는 모습이 곰의 움직임과 비슷해 '물곰'이라고 불리기도 함)은 먹지 않고 물 없이도 30년을 살 수 있으며, 대기권 밖 진공 상태의 우주에서도 생존할 수 있을 뿐만 아니라 섭씨 151℃, 영하 273℃에서도 생존할 수 있으며, 생물에게 치명적인 농도의 방사성 물질이 노출되어도 죽지 않는다. 심지어 신진대사를 멈추고 휴면 상태로 120년간 지낸 완보동물이 발견되기도 했다. 우리 눈에는 이 모든 것이 기적 같은 삶이다.

이와 같이 생명체들의 각양각색의 삶뿐만 아니라 '같은' 종 사이에서도 그 삶이 다양하고 아무리 척박한 환경에서도 살아남듯이 그 운명이 서로 다른 것은 우연이나 기적이 아니라 그 종자가 다르기 때문이다.

이는 생명체뿐만 아니다. 이 우주의 수많은 행성들도 지구와는 전혀 다른 행성들이 있다.

예컨대 판타지 영화에 모티브가 된 다이아몬드로 이루어진 행성도 있고, 유리 비가 내리는 행성도 있으며, 뜨거운 얼음으로 이루어진 행성도 있다. 다이아몬드가 반짝이고 유리 비가 내리고 심지어 뜨거운 얼음이라! 도저히 상상할 수도 없는 일들이고, 우리가 이해할 수 없는 기적 같은 현상이다.

하지만 이런 모든 현상은 인과 연이 화합해서 나타난 현상이다. 기적도 아니고 우연히 이루어진 것도 아니다. 인간에게는 기적 같아 보이는 일들이 셀 수 없이 많지만 그 생명체들에게는 아주 평범한 일상생활이고, 수많은 다양한 행성들 역시 아주 자연스러운 현상이다.

우리가 이해할 수 없는 일들을 그저 우연히 혹은 기적 같은 일이라고 말한다면, 우리는 개구리와 같은 존재가 되고 만다.

우리가 의식하든 그렇지 않든 이 세상은 아무런 법칙도 없이 제멋대로 굴러 가는 것도 아니고 우연히 생겨나는 것 또한 하나도 없다. 원인 없는 결과는 없다. 모든 것에는 다 원인이 있는 것이다.

시간은 공간이 있기 때문이고, 공간은 시간이 있기 때문이다. 또 시간이나 공간은 에너지와 물질이 있기 때문이다. 에너지와 물질이 사라지면 공간도 사라지고 시간도 사라진다.

우리가 사는 이 우주에서, 자연계에서, 인간이 만들어 가는 사회 현상에서, 그리고 인간의 개인적인 삶의 현상에서도 우연히 일어나는 일은 하나도 없다.

예를 들면, 지구상의 70억 사람들 가운데 사랑하는 남녀가 서로 만나 결혼하고 함께 사는 것이 우연일까? 결코 그렇지 않다. 사실은 그럴 만한 인연이 닿아 서로 만나 사랑하고 결혼한 것이다.

우리가 만나 서로 사랑하는 관계를 맺을 가능성이 있는 잠재적 상대는 수백만 명이 넘지만, 실제로 우리가 만날 수 있는 사람은 그 중에 극히 일부이다. 우리 중 많은 수는 기껏해야 열 명 남짓한 사람들을 만나고 사귀면서 그 중에서 미래의 배우자를 선택한다. 그 상대가 20명이 넘는 경우란 매우 드물다. 대부분이 국가나 지역이나 직장을 크게 벗어나지 못한다. 이런 저런 이유로 물리적으로 가까이 있는 사람을 만날 가능성이 큰 것이다.[42]

이처럼 수많은 사람들 중에 한 쌍의 남녀가 만나 사랑에 빠지는 것도 결코 우연이 아니다. 인연이 닿아 서로 만난 것이다.

인간이 수백억 개의 별 가운데 지구상에 태어난 것도 마찬가지이다. 인간이 태어날 수 있는 여러 조건들이 이 지구상에 갖추어져 있기 때문이다. 내가 태어난 곳도, 나를 낳아준 부모를 만난 것도, 내가 낳은 자식도, 나의 타고난 재능이나 자질이나 성격도, 사실은 내가 선택한 직업도 우연이 아니다. 우연으로 보일 뿐 사실은 이 모든 것이 인연으로 인해 맺어진 결과이다.

여러 사람이 똑같은 상황을 겪어도 서로 다른 결과가 나타나는 것도 바로 서로의 업이 다르기 때문이다. 우리가 과거에 지은 업은 각종 인연과 화합하여 과보를 형성하게 된다. 이것이 우리가 말하는 '업보' 혹은 '업과'이다.

---

42) 로버트 스턴버그, 《사랑은 어떻게 시작하여 사라지는가》, 198쪽, 사군자, 2002

이는 미래도 마찬가지이다. 아무리 미래를 정확히 예측할 수 없다고 하더라도, 우리가 한 생각과 말과 행동으로 지은 업이 가까운 미래든 먼 미래든 그것이 인연이 되어 또 계속해서 나를 만들어가게 된다. 이것이 업의 힘이다.

시간의 요소는 인생의 묘미이다

다만 우리가 하는 행위의 결과가 현실에 드러나기 위해서는 인과 연이 충족되어야 한다. 예컨대 아무리 좋은 씨앗도 땅만 있고 물이 없다면, 그 씨앗은 성장하고 뻗어나가지 못할 것이다. 또한 물만 있고 땅이 없다면, 그 씨앗도 또한 성장하고 뻗어나가지 못할 것이다.

그래서 이런 인과 연이 충족되기 위해서는 시간의 요소가 따르기 마련이다. 봄이 지나야 여름이 오고, 가을이 되어야 사과가 열릴 것이고, 사과가 무르익어야 떨어진다.

우리가 한 행위도 마찬가지이다. 바로 바로 그 결과, 즉 과보(果報)가 드러나지 않고 시간차가 생기기 마련이다. 이는 시간도 인연의 하나의 요소이기 때문에 당연한 것이다.

그러나 그 결과는 한 치의 오차도 없다. 밀물과 썰물처럼 매우 정확하게 이루어진다. 업은 스스로 짓고 스스로 받기 때문이다. 인과응보(因果應報)이고, 자업자득(自業自得)이고, 자업자박(自業自縛)이고, 자작자수(自作自受)이다. 다만 시간차가 생길 뿐이다.

그런데 잘 생각해보면, 시간차가 생긴다는 사실은 우리에게 시사하는 바가 크다.

왜냐하면 이런 시간차를 이해하고 받아들이는 사람들의 태도에 따라 각자 앞으로의 삶이 다르게 바뀔 수 있기 때문이다. 이 세상에는 대략 네 가지 부류의 사람들이 있다.

첫째는 우리가 생각하고 말하고 행동하는 것이 곧바로 이뤄지지 않는다는 사실을 감사하게 생각하고 잘못을 고치려는 사람들이다. 이들에게는 이런 시간차가 생기는 것은 큰 행운일 수 있다.

우리는 살면서 누구나 잘못을 저지를 수 있다. 그러나 과거의 내가 한 행위가 후회스럽거나 잘못되었다면, 지금 바로 좋은 생각과 말과 행동으로 이전의 업들을 지울 수 있는 기회가 있기 때문이다.

이런 경우 자신이 한 행위의 결과가 곧바로 나타나지 않은 것이 얼마나 다행스러운 일인가! 그 시간 동안에 자신을 다시 되돌아보고, 자신이 진정으로 원하는 것을 다시 생각해 보고, 올바른 선택을 새롭게 할 수 있는 시간차가 있기 때문이다.

둘째는 우리가 생각하고 말하고 행동하는 것이 곧바로 이뤄지지 않는다는 사실을 안타까워하는 사람도 있을 것이다. 세상을 열심히 바르게 살아가지만 일이 잘 풀리지 않는 사람들이다. 이런 경우 그 결과가 곧바로 나타나지 않는 것이 안타까울 수 있다.

그러나 결국 시간차가 있을 뿐 때가 되면 항상 이루어지게 된다. 지금 행복하다고 앞으로도 행복하리라는 보장이 없고, 지금 불행하다고 앞으로도 그러리라고 운명 지어진 것도 없다. 때문에 삶의 목표와 방향이 뚜렷하다면, 시간은 그리 큰 문제가 되지 않는다.

셋째는 우리가 생각하고 말하고 행동하는 것이 곧바로 이뤄지지 않기 때문에 이를 깨닫지 못하고 계속해서 죄를 짓는 사람들이다. 아무리 죄를 지어도 당장 그 과보를 받지 않기 때문에 나쁜 일을 할 생각을 멈추지 않는 것이다.

이들은 '착한 사람은 착하게 살다가 망하는데 나쁜 사람은 못되게 살면서도 고이 늙어간다', '나쁜 사람이 받아야 할 벌을 착한 사람이 받는가 하면 착한 사람이 받아야 할 보상을 나쁜 사람이 받지 않은가', '백 번 죄를 짓고도 버젓이 살아 있지 않은가', '내가 죄를 지었지만 아무 탈도 없지 않은가'라고 생각한다.

그렇게 믿고 자신을 되돌아 보려하거나 성찰하기는커녕 죄를 짓고 또 짓는다.

그러나 누구든 때가 되면 자신이 지은 죄로 인해 불행이 덮쳐와 당하고 만다.

아무리 부유한 사람도 들에 핀 풀처럼 시들게 마련이다. 해가 떠서 뜨겁게 내려 쬐면 풀은 마르고 잎은 시들어 그 아름다움을 잃어버리듯이 부자도 자기 사업에 골몰하는 동안에 죽고 만다.

아무리 권력을 휘두르는 사람도 잘못 하면 영락하여 땅바닥에 주저앉게 되고 치욕으로 끝나고 만다. 당장 혹은 잠시 이런 업보를 받지 않아 다행이라고 생각하겠지만, 뜻하지 않은 때에 생각지도 못하는 곳에서 잡히고 만다. 그 권력의 그늘 아래 빌붙어 살던 사람들 역시 마찬가지이다. 결국 무너지거나 또 다른 지배자의 손에 들어가 똑같은 짓을 하게 된다. 그러다가 마침내 제가 판 구덩이에 빠지고 만다.

함부로 정치를 하거나 권력을 탐해서도 안 되고, 불의를 뿌리 뽑을 힘이 없거든 공직자나 검사나 재판관이 되어서도 안 된다. 그 죄가 크기 때문이다.

넷째는 우리가 생각하고 말하고 행동하는 것이 곧바로 이뤄지지 않는다는 사실과 상관없이 더욱더 자신을 되돌아보며 성찰하는 사람들이다.

이미 생긴 악은 없애려고 노력하고, 아직 생기지 않은 악은 미리 방지하고, 이미 생긴 선은 더욱 자라게 하고, 아직 생기지 않은 선은 생기도

록 노력하는 사람들이다.

《반야심경》에 '무지역무득(無智亦無得)'이라는 말이 있다. 이는 알고도 아는 바가 없는 것이 진정한 앎이고, 얻고도 얻는 바가 없는 것이야말로 진정한 얻음이라는 것이다.[43]

이들은 세속에서도 이런 '무지역무득'의 경지를 향해 나아가는 사람들이다. 알고도 아는 바가 없는 것, 즉 무지(無智 : 경전에서의 원래 의미는 더 배울 것이 없는 '무학無學'의 상태라는 뜻이다)란 진정한 지혜의 경지에 이른 사람은 자신이 깨친 지혜도 삶의 과정이나 경험에 불과하다고 생각하고 쉬이 버려버린다. 그렇지 않으면 그것에 구속받기 때문이다. 그래서 지식 역시 삶의 과정이나 경험에 불과하다고 생각하고 자신의 이익을 위해서가 아니라 모든 사람들의 이익을 위해서 모두가 나눠가져야 한다고 생각한다(예컨대 요즘 말로 하면 지적재산권 같은 것을 헌신짝처럼 여기는 것이다). 모든 사람이 알고 이용하게 하는 것이다. 모든 사람이 아는 것은 아는 것이 아니다. 알고도 아는 바가 없는 것이다.

부를 모은 사람들도 마찬가지이다. 진정한 '무득(無得)'의 경지에 오르게 되면, 자신이 이룬 부가 혼자 이룬 게 아님을 깨닫고 여러 사람들에게 돌아가야 한다는 것을 인식하게 된다. 그리고는 세상을 위해 써버린다. 이 역시 얻고도 얻는 바가 없는 것이다.

---

43) '무지역무득'을 비유하면, 이렇다. 예컨대 "붕새가 날기 위해서는 바람이 있어야 한다. 그러나 바람을 기다려 하늘로 날아오른 붕새는 그 바람마저 버린다. 그렇지 않으면 바람의 힘에 통제를 받기 때문이다. 바람에 의존하여 나는 것은 진정한 비상이 아니다. 참된 비상은 움직임이 없이 정지된 비상이다. 그때 비로소 나는 것이 실로 나는 것이 된다(완샤 풀어씀, 《장자》, 55, 60쪽, 일빛, 2011)." 이처럼 무지역무득의 경지에 도달하게 되면, 지(智)와 득(得) 역시 버려야 한다는 것을 알게 된다.

이처럼 무지역무득의 경지에 도달한 사람은 지(智)와 득(得) 역시 버려야 한다는 것을 아는 사람들이다.

물론 이 네 가지 부류의 삶 가운데 어떤 삶을 선택할지는 각 개인의 자유의지에 달려 있다. 그리고 그 뿌린 대로 거두면 된다.

그러나 가끔 이런 생각을 해보라. 노인이 된 후 나의 모습은 어떨까? 그리고 늙어도 늙지 않은 사람이란 어떤 사람일까?

> 노인은 오래 살았다고 해서 영예를 누리는 것이 아니며
> 인생은 산 햇수로 재는 것이 아니다.
> 현명이 곧 백발이고,
> 티 없는 생활이 곧 노년기의 원숙한 결실이다. ─지혜서 4:8-9, 20[44]

> 명색(名色 : 정신과 육체)에 대해서 내 것이라는 생각이 없고,
> 무엇이 없다고 해서 근심하지 않는 사람,
> 그가 참으로 늙지 않는 사람이다. ─숫따니빠따

우리는 살면서 누구나 잘못을 저지를 수 있다. 그러나 목숨이 붙어 있는 한, 누구에게나 아직 시간이 있다. 우리의 삶을 되돌아보며 성찰할 시간이 있으며, 앞으로의 삶은 지금 우리가 하는 생각과 말과 행동으로 얼마든지 창조할 수가 있다.

---

44) 구약성서 가운데 〈지혜서(원명 : '솔로몬의 지혜')〉는 〈집회서(원명 : '시라크의 지혜')〉, 〈잠언〉, 〈전도서〉 등과 함께 솔로몬이 쓴 뛰어난 지혜의 문학서이다.

그래서 시간차라는 요소는 우리에게 도움이 된다. 또한 그것이 인생의 묘미이기도 한 것은 미래는 항상 열려 있고, 누구에게나 과거나 혹은 지금과 똑 같은 미래는 없기 때문이다. 물론 그 선택은 자유의지에 달려 있다.

그러나 개구리와 달리 인간은 이런 초월적 지혜에 이를 수 있다는 것이 얼마나 다행스러운 일인가!

5
나는 누구인가?

이 책을 읽고 있는 독자들 가운데는 아침에 일어나 여유롭게 커피를 마시며 하루를 시작하는 사람도 있을 것이고, 이런 저런 걱정과 근심으로 하루를 시작하는 사람도 있을 것이다.

또 세계에는 부유한 나라에서 태어나 자신의 노력보다 더 행복하게 살아가는 사람도 있을 것이고, 가난한 나라에서 태어나 열심히 일하지만 어렵게 살아가는 사람도 있을 것이다.

아무튼 앞으로도 이 지구상에는 이루 말로 표현할 수 없을 정도로 각양각색의 삶이 펼쳐질 것이다.

사람의 몸으로 태어나 똑 같은 하늘 아래서 살아가지만, 삶이 각양각색으로 펼쳐지는 것은 우리가 지은 업이 서로 다르기 때문이다. 우리가 느끼는 행복과 불행, 만족과 슬픔, 기쁨과 괴로움 등 다양한 삶의 모습은 바로 그로 인해 비롯된다.

업은 자기 책임의 법칙이다. 업은 우리 자신의 행위에 대한 책임을 우리 각자에게 지우게 하는 것이고, 그 행위들로부터 빚어지는 결과를 받아들이게 한다. 이는 자신의 행위는 마음대로 선택할 수 있지만, 그 결과에 대해서는 책임을 져야 한다는 의미이다.

우리가 생각이나, 말이나, 행동으로 한 모든 행위가 좋은 것이든 혹은 나쁜 것이든 모두 씨앗이 되어 그 뿌린 대로 거두게 된다.

지금 나의 모습은 과거에 내가 쌓은 업의 결과이고, 미래의 나의 모습은 또 지금 만들어가고 있는 중이다.

그렇다면 나는 누구인가? 이 물음에 대한 답은 아주 간단하다. 업이 곧 나다.

내가 어떤 생각을 하고, 어떤 말을 하고, 어떤 행동을 하느냐에 내가 만들어 지기 때문이다. 생각과 말과 행동이 나의 존재를 결정짓는다. 과거의 생각과 말과 행동이 오늘의 나고, 현재의 생각과 말과 행동이 미래의 나다.

> 과거를 알고 싶은가? 그렇다면 오늘 당신 모습을 보라. 그것이 과거의 당신이다. 미래를 알고 싶은가? 그렇다면 오늘 당신을 보라. 그것이 바로 미래의 당신이다. —〈삼세인과경〉

우리 모두는 자신이 원하는 것을 성취하기 위해 혹은 보다 나은 삶을 살기 위해 노력하고 일한다. 물론 우리는 이미 지나간 과거는 바꿀 수는 없다. 하지만 다가오는 미래는 오늘 바꿀 수가 있다.

업이란 생각과 말과 행동을 통해 나타내는 자신의 의지적인 행위를 뜻한다. 씨앗을 뿌리면 꽃이 피고 열매를 맺듯이, 우리가 행위(씨앗)를 하면 그에 상응하는 결과(열매)가 있게 마련이다.

그렇다면 보다 나은 삶을 살기 위해 우리는 어떤 노력을 해야 할까? 좋은 업을 짓는 것이다. 우리를 구원하는 것은 결국 우리 자신이다. 다른 무언가에 의존하려는 것은 단지 위로가 될 뿐이다.

나는 누구인가? 나는 '생각과 말과 행동'의 씨앗들이 자라난 결과이다. 그리고 그것은 전적으로 자신의 자유의지가 만든 것이다.

과거에도 그랬고, 현재도 그렇고 또 앞으로도 우리는 이 세 가지 요소인 생각과 말과 행동으로 한 모든 행위가 그냥 지나쳐버리는 일 없이 업으로 저장되고, 또 이런 모든 업이 미래의 삶과 자신을 만들어 가는 씨앗이 된다.

그러나 만약 더 나은 나, 더 나은 미래를 만들고 싶다면, 우리가 살면서 꼭 짓지 말아야 할 열 가지 업이 있다. 이를 구체적으로 경전에서는 이렇게 설명하고 있다.

경전에서 말하는 열 가지 업

부처님이 사위국 기수급고독원에 계실 때의 일이다. 어느 날 부처님은 비구들에게 인과응보에 대해 다음과 같이 말하였다.

"만약 어떤 사람이 고의로 업을 지으면 현세나 후세에 반드시 과보를 받을 것이다. 그러나 만약 고의로 지은 업이 아니라면 반드시 과보를 받는다고 나는 말하지 않는다. 고의로 짓는 업에는 세 가지가 있다. 신구의(身口意) 삼업(三業)이 그것이다.

고의를 가지고 '몸(身 : 행동)'으로 짓는 업에는 세 가지가 있다. 첫째는 산목숨을 죽이는 것이니 중생에서 곤충까지 사랑하는 마음이 없어서 목숨을 해치고 피를 마시는 것이다. 둘째는 훔치는 것이니 남의 재물에 탐착하여 주지 않는 물건을 갖는 것이다. 셋째는 사음이니 부모 형제자매의 보호를 받고 있는 여자나 남의 아내를 범하는 것이다.

고의를 가지고 '입(口 : 말)'으로 짓는 업에는 네 가지가 있다. 첫째는 거짓말하는 것이니 자기의 이익을 위해 모르면서도 안다고 하고, 못 보았으면서도 보았다고 하는 것이다. 둘째는 이간질하는 말이니 이 사람에게 이 말하고 저 사람에게 저 말하여 합친 것을 갈라서게 하고 파탄 나게 하는 것이다. 셋째는 욕설이니 귀에 거슬려 듣기 거북하고 남을 괴롭히는 말을 하는 것이다. 넷째는 꾸미는 말이니 비위를 맞추기 위해 잘못을 꾸짖거나 가르치기보다는 진실하지 않고 이치에 닿지 않는 말을 하는 것이다.

고의를 가지고 '뜻(意: 생각)'으로 짓는 업에는 세 가지가 있다. 첫째는 탐욕이니 남의 재물과 집이나 생활도구를 늘 엿보고 자기 것으로 만들고자 하는 것이다. 둘째는 노여워하는 것이니 마음속으로 누구를 미워하여 죽이고 속박하고 억압하고 고통을 주겠다는 생각을 품는 것이다. 셋째는 바르지 않은 견해를 갖는 것이니 선악도 없고 인과도 없으며 보시나 재(齋: 몸과 마음을 깨끗이 하여 악업을 짓지 않는 일)의 공덕도 없으며 깨달음도 없다고 생각하는 것이다."

부처님은 계속해서 이렇게 말하였다.

"만약 어떤 사람이 남을 사랑하는 마음(慈), 함께 슬퍼하는 마음(悲), 함께 기뻐하는 마음(喜), 편견없이 공평한 마음(捨)으로 행동한다면, 그는 생각과 말과 행동으로 나쁜 업을 짓지 않을 것이다. 그대들이 알아야 할 것은 업이란 이 몸을 따라 저 세상에 가는 것이 아니라 그 마음을 따라 저 세상에 간다는 것이다. 따라서 비구는 '나는 과거에 악업을 지었으니 그 과보를 후세가 아닌 현세에서 받는 것이 옳다'고 생각해야 한다. 이렇게 닦으면 그는 반드시 아나함(阿那含)이나 그보다 나은 과보를 얻을 것이다." -《중아함경》, 〈사경(思經)〉

이와 같이 경전에서는 우리에게 짓지 말아야 할 업으로 '몸(행동)'으로 짓는 세 가지 업, '입(말)'으로 짓는 네 가지 업, 그리고 '뜻(생각)'으로 짓는 세 가지 업 등 10가지 악업을 자세하게 말하고 있다.

이를 구체적으로 살펴보기 전에, 우선 여기서 짚고 넘어가야 할 한 가지 중요한 사실이 있다.

이 경전에 따르면 이 역시 업에 대한 과보는 의지적 행위, 즉 의도가 있어야 한다는 것이다. 고의성이 없는 행위까지 과보로 이어지고 있다고 말하는 것은 아니다.

또 한 가지 중요한 사실은 "업이란 이 몸을 따라 가는 것이 아니라 그 마음을 따라 간다"라고 말하고 있다. 이는 이 세상에서 뿐만 아니라 죽어서도 그 과보가 따른다는 것이다.

그러면서 남에게 자애로운 마음으로, 남이 슬퍼하면 덜어주려는 마음으로, 남이 즐거워하면 기뻐하는 마음으로, 그리고 남을 평등하게 대하려는 마음-이 네 가지 마음을 한량없이 일으키는 것을 사무량심(四無量心)이라고 한다-을 일으키게 되면, 나쁜 업을 짓지 않게 되리라고 말한다.

경전에서 말하는 생각과 말과 행동으로 짓는 이 열 가지 업-이를 '십악(十惡)'이라고도 한다. 그리고 이 십악을 행하지 않는 것을 '십선(十善)'이라고 한다-을 조금 더 구체적으로 설명하면 이렇다.

생각으로 짓는 세 가지 업

고의를 가지고 생각(意)으로 짓는 업에는 세 가지가 있다. 첫째는 탐욕이니 남의 재물과 집이나 생활도구를 늘 엿보고 자기 것으로 만들고자 하는 것이다. 둘째는 노여워하는 것이니 마음속으로 누구를 미워하여 죽이고 속박하고 억압하고 고통을 주겠다는 생각을 품는 것이다. 셋째는 바르지 않는 견해를 갖는 것이니 선악도 없고 인과도 없으며 보시나 재(齋)의 공덕도 없으며 깨달음도 없다고 생각하는 것이다.

생각이 곧 나다

앞에서 말했듯이 우리는 '생각'이라는 씨앗을 뿌리며 산다. "우리는 생각 대로 된다." 사람마다 가수, 예술가, 과학자, 시인, 목수, 청소부 등 무엇이 되고 싶어 하고, 무엇을 하고 싶어 하고, 무엇을 갖고 싶어 하고, 어떻게 할까 등 많은 생각을 하면서 살고 있다. 또 그 생각들을 추구하고 현실화시키기 위해서 노력하게 된다. 그 결과 어떤 생각을 갖느냐에 따라서 그 사람의 인생은 전혀 다른 모습을 갖게 된다. 생각은 씨앗이고, 그 결과가 현실의 삶으로 나타난 것이 나의 모습이다. 그래서 생각이 곧 나다. 우리의 삶은 생각이 낳은 결과이다.

그러나 우리는 살면서 욕심을 채우기 위해 물질이나 권력이나 명예나 지위를 탐내는 생각을 버리지 못하고 죄를 짓는 경우가 많다. 또 남을 미워하고 고통을 주려는 생각, 선악이나 인과에 대한 생각 없이 살아가는 경우도 많다.

하지만 경전에서도 말하고 있듯이 지금보다 더 나은 미래를 만들고 싶다면, 이 세 가지는 우리가 살면서 무엇보다 우선 버려야 할 생각들이다.

첫째는 탐욕(貪欲)이다. 만족을 모르고 끝없이 추구하며 소유하려는 욕망이다. 자신이 좋아하는 것을 갖고 싶어 하고 또 구하려는 마음을 그칠 줄 모르는 것이다.

그래서 여기서 말하는 탐욕은 꼭 '남의 재물을 탐내지 말라'는 것만을 의미하는 것은 아니다. 우리가 일상생활에서도 많이 보아왔듯이 남의 재물을 탐내는 것뿐만 아니라 뇌물을 주고받거나 부당한 방법으로 재물을 모으거나, 만족할 줄 모르고 욕심을 내거나, 자기 이익만을 꾀하거나, 자신의 이익을 우선시하는 것도 모두 이에 해당한다.

탐욕은 삼독(三毒 : 탐, 진, 치) 가운데 하나로 모든 죄의 뿌리이다. 모든 죄는 탐욕에서 비롯되고, 탐욕으로 인해 죄의 씨앗을 뿌리게 된다.

우리는 세상을 살면서 좋은 직업을 갖고 지위가 오르고 성공하기를 꿈꾼다. 또 권력을 누리고 부를 누리려는 욕망이 있다.

그러나 우리가 꼭 잊지 말아야 할 게 있다. 설사 값진 금은보화, 명예와 지위, 돈, 재산, 권력 등을 얻는다 하더라도 잠시 우리에게 성취감과 만족감을 주겠지만 이 역시 결코 영원히 지속되지는 않는다. 이런 온갖 세속적 욕망과 쾌락은 꽃이 피었다가 지듯이 결국 덧없이 사라진다. 이러한 것들은 본질적으로 끊임없이 변화하는 속성을 지니고 있기 때문이다.

이 세상에 왔다 갔던 모든 성인들이 하나 같이 권력을 지닌 사람과 부자들에게 엄중하게 경고를 하고 있는 것은 무엇 때문일까? 탐욕과 부자와의 관계는 밀접한 관계가 있음을 의미하는 것이고, 또 돈이 많으면 범부들은 반드시 우쭐해지고 교만해지기 때문이다. 권력을 가진 자들도 똑 같다. 그리고 그 결과 그로 인해 업보를 치르기 때문이다.

그럼에도 불구하고 인간의 탐욕은 그 끝이 없다. 그리고 그 그칠 줄 모르는 탐욕으로 인해 잘못을 저지르고 결국 자기 자신을 망치게 된다. 특히 오늘날 가난한 사람부터 재벌까지 이 세상에서 짓는 거의 모든 죄의 원인은 돈에 대한 탐욕 때문이다.

그러나 결국 우리는 빈손으로 왔다가 빈손으로 돌아가고, 오직 지은 업만 가지고 갈 뿐이다.

> 올 때 한 물건도 가져오지 않았고 갈 때 또한 빈손으로 간다. 아무리 많아도 아무것도 가져가지 못하고 오직 지은 업만 따라갈 뿐이다. -〈자경문(自警文)〉[45]

그렇다고 궁색한 삶에서 벗어나기 위해서 손 놓고 있으라는 것은 아니다. 물질 역시 쓰임이 있기 때문이다. 이런 삶에서 벗어나기 위해 노력하고 의지를 갖는 것은 당연히 필요하다. 왜냐하면 인간의 노력이나 의지 역시 인연을 만드는 중요한 요소이기 때문이다.

그렇지만 인생이란 무엇일까? 궁극적으로 인생은 부자가 되는 것은 아니다. 자기가 되고 싶은 존재, 원하는 존재는 소유물이 아니라 어떤 일을 하는 가다. 우리가 노력하고 꿈꾸는 것은 바로 그런 존재가 되기 위한 것이다.

---

45) 그동안 우리는 백천만억 겁(1겁은 깨어지지도 않고 무너지지도 않는 큰 돌산을 가시迦尸국에서 생산되는 겁패劫貝, 즉 무명으로 백 년에 한 번씩 스쳐 마침내 다 닳아 없어지는 시간보다도 더 길다고 한다) 동안을 윤회하면서 "어느 한 곳에서도 나지 않거나 죽지 않은 곳이 없다(《잡아함경》〈무유일처경無有一處經〉)." 이 책을 읽고 있는 독자들 역시 누구나 한 번쯤 사람들이 부러워하는 왕으로도 살았고, 부자로도 살았던 적이 있다. 또한 코끼리, 말, 낙타, 나귀, 소, 개 등 축생으로도, 아귀로도, 지옥에도 살았던 적이 있다. 부처는 우리에게 이렇게 말한다. 그러면서도 "중생들은 시작이 없는 나고 죽음의 오랜 세월 동안 윤회하면서도 괴로움의 본제(本際 : 모든 현상의 근본 혹은 차별을 떠난 있는 그대로의 모습)를 알지 못하고 있느니라(《잡아함경》〈무유일처경〉)"라고 말한다 (이는〈산경山經〉등《잡아함경》여러 곳에서 말하고 있다).

삶에서 정말 중요한 것은 당신이 갖고 있는 소유물이 아니라 당신 자신이 누구인가 하는 것이다. 우리가 가지고 있는 것이 아니라 그것으로 우리가 어떤 일을 하느냐가 인생의 진정한 가치를 결정짓는다. ―헬렌 니어링(Helen Nearing : 1904-1995, 미국의 문학가이며 환경운동가)

　따라서 자신의 이익이나 탐욕에서 벗어나, 오히려 우리는 한 발짝 더 나아가야 한다. 어떻게 하면 이 세상의 모든 사람들이 돈 때문에 죄를 짓지 않고도 살아갈 수 있는 사회를 만들 수 있을까? 이렇게 생각하고 노력해야 한다. 불평등을 해소하고, 먹고 사는 문제로 근심하고 걱정하는 사람들이 더 이상 없도록 말이다.
　지혜의 눈으로 보면 우주만물이 공(空)한 것이지만, 임시로 존재하는 가상의 실재성에도 관심을 두는 것은 이를 다른 중생들을 구제하기 위한 방편으로 쓸 수 있기 때문이다. 이들이 물질에 관심을 두는 것은 소유가 아니라 그것으로 어떤 일을 하느냐에 인생의 가치를 두는 것이다.[46]
　우리가 수행하는 목적은 궁극적으로는 모든 중생을 구제하는 것이다. 우리는 이 세상을 살면서 자비와 연민을 가지고 중생을 구제하고, 이 세상이 고통이 없는 불국토와 같은 세상을 만들어야 한다.
　둘째는 성냄(瞋恚)이다. 마음속으로 누구를 미워하여 죽이고 속박하

---

46) 우리가 법안(法眼, dharma-cakṣu : 인연 따라 일어나는 만상을 하나하나 빠짐없이 훤히 보는 눈)을 갖추게 되면, 우주만물을 다른 중생들을 구제하기 위한 방편으로 삼을 수 있다. 혜안으로 모든 우주만물은 공(空)함을 알지만, 법안으로 이를 중생들의 근기에 따라 구제하는 도구로 사용할 수가 있다. 또 중생들의 근기에 걸맞은 가르침을 펼 수도 있다. 공에만 집착하면, 중생이 보이지 않는다. 또 제법이 인연 따라 기기묘묘하게 현현하는 세계가 보이지 않는다. 따라서 공에 빠져서도 안 된다.

고 억압하고 고통을 주겠다는 생각을 품는 것이다. 탐욕이 애착과 소유하고자 하는 욕망이라면, 성냄은 미워하고 분노하고 시기하고 질투하며 내치려는 욕망이다(성냄과 탐욕은 상반된 듯 보이지만, 실은 같은 것이다. 범부들은 구하는 것을 얻지 못하면 분노를 느끼게 된다).

성냄 역시 삼독 가운데 하나이다. 타인에 대하여 고통을 주려는 마음 혹은 복수나 미움이나 원한을 갖는 마음이다.

실제로도 많은 사람들이 이런 생각을 갖고 있다. '저 사람은 죽여야 하고, 묶어야 하고, 파멸시켜야 하고, 배척해 쫓아내야 하고, 재물을 빼앗아야 하고, 감옥에 보내야 한다'고 생각하며 그로 하여금 한량없는 괴로움을 받도록 한다.

그러나 누군가를 미워하거나 시기하거나 질투하는 것은 결국 괴로움의 갚음을 받게 하는 생각들이다.

그래서 남을 미워하거나 시기하거나 질투하거나 고통을 주려는 것은 사실은 자기 자신을 미워하고 시기하고 질투하고 있는 셈이다.

> 누군가를 사랑하거나 미워할 때는 자기 자신의 무언가를 사랑하거나 미워하고 있는 것이다. ─셰리 카터-스콧(Cherie Carter-Scott)

또 누가 나를 미워하고 시기하고 질투한다는 생각 역시 괴로움의 결과를 낳고 괴로움의 갚음을 받게 하는 생각들이다.

> 타인이 나를 무시하거나 미워한다는 생각이 우리를 고통스럽게 만든다. ─에픽테토스(Epictetus, 그리스의 철학자)

그러나 우리는 살면서 자신이 잘못한 것이 없음에도 불구하고 모함을 받거나 억울한 일을 당할 때가 있다. 또 누군가가 나를 미워하고, 욕하고, 시비를 걸어올 때도 있다.

그렇다면 만약 자신의 잘못이 아님에도 불구하고 미움을 받을 때 이런 경우에는 어떻게 해야 할까?

이런 경우 역시 미움을 미움으로 갚으려 한다면, 자칫 또 한 번의 고통을 겪을 수 있다. 비유하면 두 번째 화살을 맞는 것과 같다.

첫 번째 화살은 어쩔 수 없이 인연 따라 생긴 것이라면, 두 번째 화살은 내가 나에게 쏘는 것이다.

따라서 그런 경우 잘못을 깨우치게 하려고 노력하는 것은 좋지만, 미워하고 성내는 마음으로 대하면 감정을 악화시킬 뿐이다.

이는 무익할 뿐만 아니라 결코 개운치가 않다. 자신에게도 전혀 도움이 되지 않는다.

또한 우리는 알고 있지 않는가. 업은 자업자득이고 인과응보이다. 어떤 사람이 저지른 잘못의 과보는 결국 스스로 받는다. 때문에 그를 향한 분노를 내려놓을 수 있지 않는가.

셋째는 삿된 견해(邪見), 즉 그릇된 견해를 갖는 것이다. 선악도 없고 인과도 없으며, 보시나 재(齋)의 공덕도 없으며, 이 세상도 저 세상도 없으며, 스스로 알고 스스로 증득하는 깨달음도 없다고 생각하는 것이다.

그러나 인과도 없고, 선악도 없고, 선악의 업도 없고, 그 업의 과보도 없다는 생각은 이 세상이 제멋대로 굴러간다는 생각이다. 그렇지만 이 우주는 지금도 인과에 의해서 계속해서 움직이고 있다.

다만 인간의 지혜로 어지간해서는 알아차리기가 힘든 것은, 거시적으로 보면 모든 자연 현상과 인간의 삶은 인과법칙을 따르지만, 미시적인 세계까지 아울러 본다면 우리가 알 수 없는 여러 원인들이 작용하고 있기 때문이다. 그 결과 인과를 정확히 예측할 수 없는 세계가 펼쳐지기 때문이다.

그렇다고 어떤 행위 자체가 사라지거나 내가 지은 업이 소멸되는 것은 아니다. 모든 것에는 원인이 있고, 원인이 있기 때문에 결과가 있다. 원인과 결과의 반복에 의해서 세계가 움직이고 있다.

인과법칙은 보편적인 법칙이다. 세상도 한 개인의 삶도 이로부터 시작된다. 인과도 없고, 선악도 없고, 선악의 업도 없고, 그 업의 과보도 없다는 생각은 자신의 삶에 장애만 될 뿐이다.

이런 그릇된 생각에서 벗어날 때 한 개인의 삶도 그것이 인연이 되어 앞으로 자신이 만나게 될 환경이나 상황이 새롭게 바뀌게 된다. 그 결과 인생도 바뀌게 된다.

세상도 마찬가지이다. 아름다운 세상을 만드는 것도, 지옥 같은 세상을 만드는 것도 우리의 생각에 달려 있다. 세상도 우리의 생각대로 된다. 세상은 그저 반응할 뿐이다. 이 세상이 불공평하고 지옥 같다면, 우리의 생각이 불공평하고 지옥 같기 때문이다. 결국 우리 모두가 각자 그런 상황이 오도록 만든 것이다. 생각이 낳은 결과이다.[47]

---

[47] "오늘날 세계 인구의 5분의 1이 하루 1달러 이하로 살아가는 절대 빈곤층이다(제프리 삭스, 《빈곤의 종말》, 21세기북스, 2006)." 우리는 윤리를 바탕으로 한 기술들로도 식량뿐만 아니라 전 세계의 수억의 가난한 사람들을 도울 수 있지만, 이는 우리의 의지가 부족하거나 바꾸려는 생각과 노력이 부족하기 때문이다. 우리는 보편적인 진리의 차원이 아니더라도, 이들의 기본적인 필요에 대해 응답할 의무가 있다. 이 세계는 연기적(인과의 사슬)으로 서로 얽혀 있으며, 서로가 서로에게 의존하며 살아가고 있기 때문이다.

사람은 세상 때문에 괴로운 것이 아니다. 세상이 사람 때문에 괴로운 것이다. －에픽테토스(그리스의 철학자)

인생의 비밀은 단 한 가지이다. 내가 세상을 대하는 것과 똑같은 방식으로 세상도 나를 대한다는 것이다. －러디어드 키플링
(Rudyard Kipling : 1865-1936, 영국의 소설가이며 시인, 노벨 문학상1907)

이 세상은 우리 생각의 결과이다. 간혹 우리는 원인과 결과를 착각하며 산다. 세상이 각박하고 인색하다면 우리의 생각이 야박하고 편협하기 때문이다.[48] 세상이 삭막하다면 우리의 생각이 모질기 때문이고, 세상이 불평등하다면 우리의 생각이 불공평하기 때문이다. 세상은 우리의 생각대로 된다. 세상이 불평등한 것은 우리의 의지가 부족하거나 바꿀 생각이 없는 것이다.

마음이여, 알 수 없구나. 너그러울 때에는 온 세상을 다 받아들이다가도 한번 옹졸해지면 바늘 하나 꽂을 자리도 없으니. －달마대사

세상이 너그럽지 못한 것은 마음(생각)이 옹졸하기 때문이다. 그러나 우리는 서로 연결되어 있으며, 타인의 기쁨과 행복이 곧 자신의 기쁨과 행복이다.

---

48) 세상이 각박하다면, 이는 우리의 생각과 말과 행동이 각박하기 때문이다. 예컨대 경제성장이나 물질은 삶의 요소 중에 단지 하나의 요소이다. 하지만 세상이 각박하다면, 경제성장이나 물질을 위해 경쟁은 무한히 부추기지만, 생명, 환경, 인권, 양심, 행복, 철학 등 도덕적이고 윤리적인 가치는 경시하기 때문이다.

다른 사람을 도울 때, 우리는 우리 자신도 돕게 된다. 우리가 베 푼 선행이 무엇이든지 간에, 그것은 우리에게 다시 돌아온다. －플 로라 에드워즈(Flora Edwards)

언뜻 자비희사(慈悲喜捨)에는 '나'가 없어 보이지만, 사실은 남에게 자비희사하는 것이 곧 자신에게 자비희사하고 있는 것이다. 남에게 이로운 것은 나에게도 이로운 것이다.
생각이 곧 나다. '바른 생각'이 바른 존재를 만들어 간다.
탐욕과 성냄과 삿된 견해, 이는 우리가 생각으로 짓는 세 가지가 업이다. 이것은 무엇보다 우리가 살면서 버려야 할 생각들이다.

말로 짓는 네 가지 업

고의를 가지고 말(口)로써 짓는 업에는 네 가지가 있다. 첫째는 거짓말하는 것이니 자기의 이익을 위해 모르면서도 안다고 하고, 못 보았으면서도 보았다고 하는 것이다. 둘째는 이간질하는 말이니 이 사람에게 이 말하고 저 사람에게 저 말하여 합친 것을 갈라서게 하고 파탄 나게 하는 것이다. 셋째는 욕설이니 귀에 거슬려 듣기 거북하고 남을 괴롭히는 말을 하는 것이다. 넷째는 꾸미는 말이니 비위를 맞추기 위해 꾸짖거나 가르치기 보다는 진실하지 않고 이치에 닿지 않는 말을 하는 것이다.

말이 곧 나다

우리는 '말'이라는 씨앗을 뿌리며 산다. "말이 곧 씨가 된다." 우리가 늘 말하던 것이 현실이 된다는 뜻이다. 또한 "지혜는 의견에서 드러나고 교양은 말로 드러난다." 말은 그 사람의 인격과 신뢰를 고스란히 드러낸다. 말이 곧 나다.

지금 이 순간에도 우리는 말이라는 씨앗을 뿌리며 살고 있다. 하지만 경전에서 말하고 있듯이 악업을 짓는 이 네 가지 말은 우리가 살면서 해서는 안 되는 말들이다.

첫째는 '거짓말(妄語)'이다. 자기의 이익을 위해 모르면서도 안다고 하고, 못 보았으면서도 보았다고 하는 것이다. 진실을 말하지 않고 진실을 즐거워하지 않고 진실에 머무르지 않고 자신과 세상을 속이는 것이다.

많은 사람들이 거짓말을 대수롭지 않게 생각한다. 하지만 거짓말은 자신의 신뢰를 무너뜨리고 진실을 왜곡하게 되고 남에게 고통을 안겨주게 된다. 거짓말은 믿음의 싹을 잘라 신뢰를 잃게 할 뿐만 아니라 결국 겉과 속이 다르면 감추려 해도 드러나게 된다. 망신을 당하고 자신을 망치게 된다.

> 물고기는 언제나 입으로 낚인다. 사람도 역시 입으로 걸려든다.
> ―탈무드

우리는 세속의 욕심을 위해서 혹은 사사로운 이해득실 때문에 거짓말을 하게 되고 또 그 거짓말을 감추기 위해서 더 큰 거짓말을 하게 된다. 그런데 이런 거짓말이 습관처럼 굳어지면 고치기가 쉽지 않다. 심지어 죽어서 지옥에 떨어져서도 고치기가 쉽지 않다고 한다.

거짓말을 하는 자는 지옥에 떨어진다.
어떤 행동을 하고서도 "나는 그런 짓을 하지 않았다"고
시치미를 잡아떼는 자도 지옥에 떨어진다.
이 두 사람은 죽은 후
저 세상에서도 똑같은 짓을 한다. ―법구경 306[49]

우리는 뉴스를 통해서 내일 진실이 드러날 일도 오늘 거짓말을 하며 세상을 속이는 정치인, 정부 관료, 언론, 학자들을 얼마나 많이 보았는가.
그래서 어릴 때부터 진실을 말하는 습관이 중요하다. 진실을 말하지 못할 바에야 차라리 침묵하는 것이 낫다. 그나마 이것이 지혜로운 것이다.

지혜로운 사람은 진실을 말하며, 진실에 전념하며, 진실을 고집하며, 믿음직스럽게 행동하며, 사람을 속이지 않는다. 자신을 위해서나 남을 위해서나, 이익을 위해서 의식적으로 거짓말하지 않는다. ―부처

착한 사람이란 무엇일까? 착한 사람은 진실을 말하는 사람이고, 가장 좋은 말을 하는 사람이다.

첫째, 착한 사람들은 가장 좋은 말을 한다. 둘째, 진리를 말하고 진리가 아닌 것을 말하지 않는다. 셋째, 좋은 말을 하고 좋지 않은

---

49) 유중 옮김, 《하룻밤에 읽는 법구경》, 126쪽

말을 하지 않는다. 넷째, 진실을 말하고 거짓을 말하지 않는다. ―《숫따니빠따》

말은 씨가 되고 업이 되어 자신에게 되돌아온다. 지혜로운 사람은 이를 알고, 진실을 말한다. 따라서 착한 사람이 곧 지혜로운 사람이다.
우리에게 잘 알려진 《숫따니빠따》를 보면, 사람은 태어날 때 입 안에 도끼를 하나씩 가지고 나온다고 한다.

사람은 태어날 때 입 안에 도끼를 가지고 나온다. 어리석은 자는……, 그 도끼로 자신을 찍는다. ―숫따니빠따

거짓말을 대수롭지 않게 여기는 사람들이 있지만, 이는 말이 생사를 가를 수도 있다는 것이다. 그 도끼를 어떻게 사용하느냐에 따라 삶을 창조하기도 하고 파멸시킬 수도 있다.
'바른 말'이란 무엇일까? 다섯 가지를 갖추어야 한다.

우선 다섯 가지를 갖추어야 한다. 첫째는 반드시 사실이어야 하고, 둘째는 말할 때를 알아야 하고, 셋째는 이치에 합당해야 하고, 넷째는 부드럽게 말해야 하고, 다섯째는 자비심으로 말해야 한다. ―《잡아함경》,〈거죄경(擧罪經)〉

보지 않은 것을 보았다고 말하거나(不見言見), 듣지 않은 것을 들었다고 말하거나(不聞言聞), 깨닫지 않은 것을 깨달았다고 말하거나(不覺言覺), 모르는 것을 안다고 말하는 것(不知言知)은 이른바 네 가지 성스럽지

않은 거짓말이다.

　우리 역시 이런 성스럽지 않은 거짓말이나 사소하지만 거짓말을 한 적이 있을 것이다. 또 세상을 속이고 남을 파멸시키기 위해서 더 큰 거짓말을 하며 살아가는 사람들도 있을 것이다.

　하지만 고의로 거짓말을 한 죄를 뉘우치고 참회하지 않는다면 결코 그 과보를 피할 수 없다.

　둘째는 '이간질하는 말(兩舌)'이다. 이 사람에게 이 말하고 저 사람에게 저 말하여 합친 것을 갈라서게 하고 파탄 나게 하는 것이다. 여기서 들은 말을 저기에 옮겨 이것을 깨뜨리고 저기서 들은 말을 여기에 옮겨 저것을 깨뜨려 사람들을 갈라서게 하는 것이다. 이간질하는 말은 사람들의 화합을 깨뜨리고 사람간의 유대 관계를 파괴하여 분란을 일으키게 한다.

　예컨대 어떤 사람들은 무슨 말을 들으면 옮기지 못하여 안달을 한다. 또 말을 옮기지 못하면 넓적다리에 화살을 맞은 양 못 견뎌하기도 한다. 남을 헐뜯고 이간질을 하는 사람들이다.

　이들은 당파를 만들고 당파를 즐기고 당파를 지으며 서로 기뻐한다. 그러나 그로 인해 자신은 물론 평화롭고 조용하게 사는 많은 사람들이 상처를 받거나 다치게 된다.

　이 또한 실제 역사를 통해 말이 화근이 되어 수많은 사람들이 죽는 것을 보아왔다. 칼에 맞아 죽은 사람도 많지만, 혀에 맞아 죽은 사람이 더 많다.

　이처럼 이간질은 엄청난 갈등과 잔인한 결과를 낳게 된다. 때문에 말로 짓는 업으로 인해 치러야 할 과보도 그만큼 더 크다.

　셋째는 '나쁜 말(惡口 : 욕설이나 험한 말)'이다. 귀에 거슬려 듣기 거북하고 남을 괴롭히는 말을 하는 것이다. 말씨가 추하고 거칠고 악해 귀에 거슬리고, 사람들이 전혀 좋아하지 않는 말들이다. 욕설과 험한 말은 마음의 평화를 깨뜨려 두려움을 갖게 하거나 편안치 못한 마음을 갖게 한다.

'구시화문(口是禍門)'이라는 말이 있다. 모든 화는 입을 통해서 들어오고, 불화(不和)의 발단은 말로부터 시작된다는 뜻이다. 사실 싸움의 원인은 달라도 대부분의 싸움은 말로써 시작된다.

> 거친 말을 하지 마라. 가는 말이 고우면 오는 말이 곱다. 성난 말은 고통이다. 그 말이 앙갚음되어 네게 돌아온다. －법구경 133[50]

누구나 한번쯤 화를 참지 못하고 욕이나 거친 말로 인해 인생이 꼬이고 힘든 상황을 만나거나 시기를 보낸 적이 있을 것이다.

따라서 말을 할 때 매우 조심스러울 필요가 있다. "가는 말이 고와야 오는 말이 곱다." 말은 씨가 되어 그대로 되돌려 받기 때문이다.

넷째는 '말을 꾸미거나 속이는 말(綺語)'이다. 비위를 맞추기 위해 꾸짖거나 가르치기 보다는 진실하지 않고 이치에 닿지 않는 말을 하는 것이다. 아첨이나 아부하는 말이나 교묘하게 꾸며 속이는 말이다.

이와 같은 교언영색(巧言令色)은 다른 사람의 마음의 진실성을 파괴하여 판단을 흐리게 하고 유혹에 빠지게 한다. 세속에 때가 잔뜩 묻은 정치인, 학자, 전문가, 언론 등의 곡학아세(曲學阿世) 역시 세상을 어지럽게 하는 말이다. 때에 맞는 말, 참 말, 법다운 말, 이치에 맞는 말, 고요한 말

---

50) 유중 옮김,《하룻밤에 읽는 법구경》, 60쪽

을 하여 다툼을 그치게 하는 것이 아니라 꾸밈말 또한 역사를 통해서 알 수 있듯이 자신은 물론 나라를 망치게 한다.

여기에는 쓸데없는 말이나 남을 조롱하고 비웃는 말도 포함된다. 무심코 혹은 사소하게 생각하고 남을 헐뜯거나 흠을 들추며 험담을 하는 것도 마음이 찜찜한데, 하물며 말을 교묘하게 꾸며 분란을 일으킨다면 그 죄가 얼마나 크겠는가?

"낮말은 새가 듣고, 밤말은 쥐가 듣는다"는 말이 있다. 우리는 혼자 있을 때마저 말을 조심해야 한다.

> 홀로 있을 때도 삼가서 도리에 어긋나는 일을 하지 않는다(신독愼獨). ―《대학(大學)》

우리가 무심코 하는 말 한 마디가 다 업이 되어 되돌아오는 것이다.

말은 그 사람의 마음이고 생각이다. 말은 그 사람의 인격과 신뢰를 고스란히 드러낸다. 말이 곧 나다. '바른 말'이 바른 존재를 만들어 간다.

거짓말, 이간질하는 말, 나쁜 말, 속이는 말, 이는 말로 짓는 네 가지 업이다. 이것은 무엇보다 우리가 살면서 해서는 안 되는 말들이다.

그렇다면 우리는 싫은 소리를 해야 할 때 어떻게 말해야 할까

거짓말을 하는 것은 어리석은 사람이 하는 것이고, 이간질 하는 말을 하는 것은 사악한 사람이 하는 것이고, 욕설이나 화를 내거나 거칠게 말하는 것은 수양이 덜 된 사람이 하는 것이고, 위선적으로 꾸미는 말이나 아첨이나 아부하는 말을 하는 것은 천박한 사람이 하는 것이다.

말은 그 사람의 인격과 신뢰를 드러내게 된다.

> 명예도 불명예도 말에서 나온다. ―집회서 5:13

체질을 하면 찌꺼기가 드러나듯이 사람의 결점은 그의 말에서 드러난다. 질그릇이 가마 속에서 단련되듯이 사람은 말로써 수련된다.

그러나 우리가 살다보면 남의 허물을 들출 때가 있고, 충고도 해야 할 때도 있고, 비판을 해야 할 때도 있다. 그렇다면 이런 경우 어떻게 해야 할까?

> 인생은 겸손에 대한 오랜 수업이다. ―제임스 M. 배리('피터팬'의 작가)

> 다른 사람을 해치는 말을 하지 마라. 아무도 받아들이지 않는 충고는 하지 마라. 무슨 일이 있어도 불평하지 마라. 어떤 사건에 대해 정확히 알지 못한다면 함부로 설명하지 마라. ―생텍쥐페리

> 다섯 가지 말하는 방식이 있으니, 어떤 사람은 말을 할 때, 때에 알맞기도 하고 혹은 때에 알맞지 않기도 하며, 참되기도 하고 혹은 참되지 않기도 하며, 부드럽기도 하고 혹은 딱딱하기도 하며, 상냥하기도 하고 혹은 거칠기도 하며, 뜻이 있기도 하고 혹은 뜻이 없기도 하다. ―《중아함경》, 〈모리파군나경(牟犁破群那經)〉[51]

비판을 하되, 해야 할 때에 맞게 하고, 반드시 사실을 바탕으로 하고,

---

51) 김월운 옮김,《중아함경》 4권, 178쪽

부드럽고, 상냥한 말투로 이치에 맞게 해야 한다. 자칫 서투른 비판은 욕이 되고, 상처를 주거나 원망하는 마음만 불러일으킬 수 있다.

많은 사람들이 말하듯이 날카로운 비판은 약이 된다. 하지만 너무 날카로우면 야박해지고, 지나치면 독이 되고, 거칠어지면 욕이 된다.

또한 우리는 살면서 남의 잘못을 지적하고 가르쳐야 할 때도 있다. 그러나 이때도 짜증을 부리며 화를 내거나 조급하게 구는 것은 반감을 불러일으키게 한다. 이 역시 말이 많거나 길어져서도 안 된다. 이는 자칫 생각했던 의도와 달리 헛말이 나오기도 하고, 요점이 흐트러져 효과는 없고 오해를 불러일으키거나 반감을 일으켜 나쁜 감정을 싹트게 할 수 있기 때문이다. 말의 힘은 간결할수록 강해지고, 길어질수록 구차해진다.

그리고 나이를 앞세우거나 신분을 내세워서가 아니라 자신이 먼저 옳고 그름을 분명히 알아야 한다.

> 나이가 성숙을 보장하지는 않는다. ─라와나 블랙웰(Lawana Blackwell)

> 먼저 자기 자신을 바로 갖추고 무엇이 옳고 그른가를 알고, 그런 다음에 남을 가르치라. 그래야 괴로워할 일이 없으리라. ─법구경 158[52)]

그러면서 선한 마음을 키워 나가게 하는 것이다.

---

52) 유중 옮김, 《하룻밤에 읽는 법구경》, 69쪽

남을 가르치는 경우에는 상대의 선한 마음을 키워서 기르는 것이 좋다. 이렇게 하면 악한 마음은 저절로 없어진다. 단점을 고치는 것보다는 장점을 키우는 것이 좋은 것이다. －《근사록(近思錄)》

끝으로 우리는 살면서 허언을 하는 경우가 있다. 그러나 입으로 짓는 빚도 큰 빚이다. 지킬 수 없는 일을 쉽게 약속하거나 승낙하는 것도 실없는 사람이 될 수 있으며 불신의 씨앗이 될 수 있다.

생각해서 말하고, 배려해서 말하고, 실행을 염두에 두고 말해야 한다. －묵자

말은 그 사람의 마음이고 생각이다. 말을 들어보면 그 사람의 깊이를 알 수 있다. 말이 곧 나다.

몸으로 짓는 세 가지 업

고의를 가지고 몸(身)으로 짓는 업에는 세 가지가 있다. 첫째는 산목숨을 죽이는 것이니 중생에서 곤충까지 사랑하는 마음이 없어서 목숨을 해치고 피를 마시는 것이다. 둘째는 훔치는 것이니 남의 재물에 탐착하여 주지 않는 물건을 갖는 것이다. 셋째는 사음이니 부모 형제자매의 보호를 받고 있는 여자나 남의 아내를 범하는 것이다.

행동이 곧 나다

우리는 어떤 사람의 행동을 보면 그 사람이 어떤 사람인지, 앞으로 어떻게 되리라는 것을 어림짐작할 수 있다. 결국 우리는 행으로 말미암아 존재한다.

> 사람은 출생에 따라 천한 사람이 되거나 성자가 되는 것이 아니다. 사람은 그 행위에 의해서 천한 사람도 되고 또한 성자도 되는 것이다. ─《잡아함경》, 〈영군특경(領群特經)〉

> 인간은 행동에 의하여 자기 자신을 만들어 간다. ─사르트르

> 일체 중생은 다 행(行)으로 말미암아 존재한다. ─《장아함경》, 〈중집경(衆集經)〉[53]

> 악행이 몸에 배면 악마를 존경하게 된다. ─아프리카 속담

아무도 태어나면서 '빈부귀천(貧富貴賤)'이 정해지는 것이 아니다. 누구나 태어나면서부터 나는 누구라고 정해진 것이 아니라 내가 하는 행동에 의해서 나가 만들어진다. 살인을 하면 살인자가 되고, 도둑질을 하면 도둑이 되고, 음란한 짓을 하면 음란한 자가 되는 것이다.

이 지구상에는 자비를 베풀고 선행을 하면서 사람들을 이롭게 하며 성자의 삶을 살아가는 사람도 있고, 살생이나 폭력을 일삼는 사람도 있

---

53) 김월운 옮김, 《장아함경》 1권, 334쪽, 동국역경원, 2009. 이는 《중아함경》 〈사경(思經)〉 등에도 나오는 말이다.

고, 남의 것을 빼앗거나 훔치는 사람도 있고, 지위를 이용해 성희롱을 하거나 성을 요구하는 상스럽고 비열하게 살아가는 천한 사람들도 있다. 우리는 자신의 행동에 따라 성자가 될 수도 있고, 천한 사람이 될 수도 있다.

경전에서 말하고 있듯이 우리가 몸(身:행동)으로 짓는 업에는 크게 세 가지가 있다. 이것은 무엇보다 우리가 살면서 해서는 안 되는 일이다.

이는 단순히 윤리적이고 법적인 측면에서만 말하는 것이 아니라 훨씬 더 폭넓은 의미도 지니고 있음을 알아야 한다.

첫째는 "살생하지 말라"이다. 이는 사람의 생명만을 의미하는 것이 아니다. 살생하지 말라는 것은 살아 있는 모든 것에 해당한다. 여기에는 짐승이나 곤충도 포함된다. 심지어 초목까지도 부주의로 파괴하지 말라고 하는 것이다.

한 포기의 풀과 한 그루의 나무라도 이유 없이 상처를 입히지 말라. 그것은 천주를 해치는 것과 같다. ─해월 최시형(崔時亨: 1827-1898, 동학의 제2대 교주)

모든 중요한 결정은 7세대 뒤의 생명까지를 고려에 넣고 한다. ─이로쿼이(Iroquois) 북미 인디언 부족

하늘과 땅은 한 뿌리이고 만물은 나와 한 몸이다(천지여아동근 만물여아일체天地與我同根 萬物與我一體) ─《**벽암록**(碧巖錄)》

모든 생명은 폭력을 두려워하고, 모든 생명은 평화로운 삶을 사

랑한다. 이 이치를 네 몸에 견주어서 남의 생명을 죽이거나 죽게 하지 말라. －법구경 130[54]

한 송이 꽃이나 나무 등의 식물을 포함한 모든 사물은 불성을 갖추고 있다. －선종(禪宗)

결국 살생하지 말라는 것은 살아 있는 모든 생명들인 벌레까지도 사랑하는 마음으로 자비를 베푸는 것이다. 사랑하고 가엾이 여기는 마음으로 곤충이나 초목에 이르기까지 모두를 이익 되게 하는 것이다.

존재에 관한 한, 약하든 강하든, 길든 짧든, 뚱뚱하든 말라깽이든, 크든 작든 중간치든, 눈에 보이든 보이지 않든, 멀리 있든 가까이 있든, 태어났든 태어나지 않았든, 모두 다 마땅히 행복해야 한다.

그 뿐만이 아니다. 여기서 말하는 살생하지 말라는 것은 죽어가는 목숨을 살리려 하지 않고 방관하는 것도 넓은 의미에서 살생이다. 예컨대 물에 빠져 죽어가는 사람을 모른 척하는 것도 넓은 의미에서 살생이고,[55] 전쟁은 말할 것도 없고 전쟁을 부추기는 행위도 살생이고,[56] 생명을 해칠 목적으로 무기를 만들고 파는 행위 역시 살생이다.[57]

---

54) 유중 옮김,《하룻밤에 읽는 법구경》, 59쪽
55) 우리에게 아픈 기억이지만, '세월호 참사'(2014년 4월 16일)는 그 예라 할 수 있다. TV를 통해 지켜보았듯이 순진무구한 어린 학생들의 생명을 충분히 구할 수 있었다. 하지만 참사 당시 청화대의 7시간 30분은 아직도 미궁 속에 빠져 있다.
56) 예컨대 우리 사회에는 북한이 망하기를 바라거나, 또 마치 원수를 대하듯 북한에 대해 증오심과 적대감으로 가득 차 있는 사람들이 많이 있다. "남이 망하기를 바라면 남이 망하기 전에 나 먼저 망한다"는 말이 있다. 미움과 증오는 미움과 증오를 낳을 뿐이다. 어떤 이유에서든 전쟁을 부추기는 행위는 엄청난 죄악이다.

누구나 고통을 싫어한다. 모든 생명은 똑 같다. 세상이 모르게 하던 알게 하던 함부로 살생을 하거나 자연을 파괴하거나, 또 어떤 명분을 내걸더라도 전쟁을 일으키려 하거나 지지해서도 안 된다. 생명을 살리려고 하기는커녕 아직도 이 지구상에는 전쟁이 벌어지고 있다. 그러나 인간이 그 어떤 명분을 내걸더라도 전쟁을 일으키는 행위는 엄청난 죄를 짓는 것이다.

한 가지 옳지 못한 일을 행하고 한 사람의 죄 없는 이를 죽이고서 천하를 얻더라도 하지 않는다. ─맹자

업은 스스로 작동하는 원리이고, 한 치의 오차도 없이 스스로 짓고 스스로 받는다. 우리가 의식하든 의식하지 않든 우리가 사소하게 생각하고 말하는 것뿐만 아니라 사소한 행동 하나하나가 다 업을 짓게 된다. 하물며 산목숨을 죽이는 것이랴? 결코 함부로 산목숨을 죽이는 업을 짓지 말라. 그대로 돌려받게 된다.

둘째는 "주지 않은 것을 갖지 말라"이다. 이는 단순히 남의 것을 훔치거나 도둑질하지 말라는 의미가 아니다. 도둑질하지 말라는 것은 법적인 의미에서 남의 소유에 관계되는 말이지만, 주지 않은 것을 갖지 말라는 것은 도둑질하지 말라는 계율보다 훨씬 폭넓은 의미이다. 남의 것을 훔치는 것은 말할 것도 없고 노동력을 착취하거나 합당한 임금을 주지

---

57) 이는 국가도 마찬가지이다. 개인이든 국가든 돈도 정정당당하고 떳떳하게 벌어야 한다. 카지노 산업이나 무기 산업은 대표적인 어두운 산업이다. 창의적인 생각으로 돈을 벌지 못하고, 도박이나 다름없는 카지노 산업을 장려하거나, 살상이 목적인 무기를 수출하는 것으로 국가를 경영하려고 하는 것은 업을 짓는 것이다.

않거나, 이익을 독차지하거나 자기 이익만을 추구하는 것도 이에 해당한다.

더 나아가 '주지 않는 것을 갖지 말라는 것'은 자신이 소유한 것마저도 개개인에게 주어진 것인가 또는 허용된 것인가를 생각해볼 것을 요구하는 아주 깊은 의미가 담겨 있는 말이다.

> **여**기서 말하는 주지 않는 것을 갖지 말라는 것은 더 나아가 개개인에게 주어진 것인가 또는 허용된 것인가를 생각해볼 것을 요구한다. 그 결과는 사람에 따라 아주 다르게 보일 수 있고, 또한 동일한 사람의 경우에도 발전(성숙) 과정에 따라 아주 다르게 보일 수 있다. [단순히] 소유권을 침범하지 않도록 노력하는 사람도 있고, 또 수입의 대부분을 가난한 사람들과 공익을 위해 쓰는 사람도 있으며, 또 어떤 사람은 모든 소유물을 버리고 떠나기도 하는 것이다.[58]

"모든 사람은 훔치며 살아간다. 나도 땅에서 훔친 것이다." 이는 영화 〈자이언트〉에서 석유로 부자가 된 제임스 딘(제트 역)이 독백처럼 읊은 대사이다. 무릇 하늘 아래 있는 그 무엇도 사실은 내 것이라고 할 게 없다.

그러나 이는 사람에 따라 아주 다르게 보일 수 있다. 사람마다 각기 자신의 그릇의 크기가 다르고, 업이 다르기 때문이다. 아무리 많은 재물을 모아도 끝없는 탐욕으로 갈증을 느끼는 사람도 있고, 자기 소유물을 꽉 움켜잡고 인색하게 사는 사람도 있고, 소유가 아니라 인생의 진정한 가

---

58) 폴커 초츠, 《붓다》, 118쪽 참고, 한길사, 1997

치를 추구하는 사람도 있다.

물론 어떻게 사느냐는 자신에게 달려 있다. 그러나 소유에 매달리기보다는 한 번쯤 생명의 목적이 무엇인지 깊이 들여다보는 것도 반드시 필요하다.

> **삶**에서 정말 중요한 것은 당신이 갖고 있는 소유물이 아니라 당신 자신이 누구인가 하는 것이다. －헬렌 니어링(Helen Nearing)

정말 이제 우리도 소유에 대해서 한 번쯤 깊이 생각해 볼 때가 되었다.

> **나**는 결코 가난하지 않다. 나는 꼭 필요한 물건만을 갖고 사는 것이며, 그것은 가난한 것이 아니라 검소한 것이다. 지나치게 많은 것을 필요로 하면서 그에 만족하지 못하는 사람들이 진정 가난한 사람들이다. －호세 무히카(Jose Mujica, 우루과이 전 대통령)[59]

어느 누가 아무리 많은 것을 소유하더라도 아무것도 가져가지 못하고 오직 지은 업만 따라갈 뿐이다.

셋째는 "사음하지 말라"이다. 정확히 표현하면 "성적인 영역에서 부당한 행동을 하지 말라"이다. 이는 남의 아내를 범하는 것만을 의미하

---

[59] 그의 신념대로 무히카는 대통령으로 있을 때에도 신용카드나 은행 계좌도 없이 살았으며, 그의 월급 중에서 90%를 사회단체에 기부하면서 소외 계층을 위해 노력하며 청빈한 삶을 살았다. 그는 2015년 3월 1일 퇴임하면서 "저는 제 인생을 이렇게 간소하게 살기로 결정했고, 많은 것들을 소유하는 데 시간을 낭비하고 싶지 않다"고 말했다. 그러면서 "인류의 행복을 바란다"고 했다. 그에 비해 우리 주변에는 성찰 없는 지식인뿐만 아니라 준비 안 된 부자들이 너무 많다.

는 것이 아니라 성적인 영역에서 범행이 아닌 것을 여의고 범행이 아닌 것을 끊는 것을 말한다. 너무 어리거나 보호를 받아야 할 사람과 성적인 관계를 맺거나, 감각적 쾌락을 쫓아 문란한 행위를 하거나, 사욕을 위해 억지로 성행위를 하거나, 심지어 나이 든 늙은 사람이 젊은 여자의 가슴을 보며 부러워하며 음탐한 생각을 하는 것도 이에 해당한다. 오늘날 지위나 신분을 이용해서 성희롱이나 성추행을 하는 것도 모두 마찬가지이다.

물론 동물적 습성을 지니고 있는 인간이 늙어 죽을 때까지 이를 참아내기는 어려운 일이다. 그러나 성적 충동을 이겨내지 못하고 아무리 몰래 한 일이어도 호색의 죄로 인해 많은 사람들이 망신을 당하고 자기 몸을 망치는 일은 부지기수다.

> 호색하게 살면 정신과 육체를 망치게 된다. —아프리카 속담

부정한 침소에서 나온 자가 마음속으로 이렇게 말할지도 모른다.
'아무도 보지 않는다. 주위에는 어둠뿐, 벽이 나를 가려 주지 않느냐? 아무도 보는 이 없으니 겁날 게 무엇이냐?'
그러나 아무리 몰래 한 일이라 하더라도 결국은 그 행위자에게 어김없이 되돌아가 열매를 맺게 한다. 업은 우리가 언제, 어디서, 무엇을, 어떻게 하든 그 결과가 궁극적으로는 우리에게 반영되어 되돌아온다.
성적 충동을 느낄 때마다 '동물적인 습성이 일어나는 구나'하며 이를 알아차리고 몸가짐을 바르게 해야 한다.
그래야 망신을 당하거나 몸을 망치지 않고, 자신이 원하는 삶을 창조할 수 있다(음욕을 이겨내고 싶다면, 《증일아함경》 27권 〈사취품(邪聚品)〉을

읽어보라).

산목숨을 함부로 죽이거나, 주지 않는 것을 갖거나, 삿된 음행을 하는 것, 이는 몸으로 짓는 세 가지 업이다. 이것은 무엇보다 우리가 살면서 해서는 안 되는 일들이다.

행동이 곧 나다. '바른 행동'이 바른 존재를 만들어 간다.

생각과 말과 행동이 곧 나다

우리는 자신의 행위에 의하여 자기 자신을 만들어 간다. 처음부터 뛰어난 사람이라 올바르게 생각하고 올바르게 말하고 올바르게 행동하고 탁월한 결과를 만들어 내고 훌륭한 사람이 되는 것이 아니다. 올바르게 생각하고 올바르게 말하고 올바르게 행동하기 때문에 탁월한 결과를 만들어내고 뛰어난 사람이 되는 것이다. 그 결과 훌륭한 사람이 되는 것이다. 이것이 인과의 법칙이고, 삶을 관통하는 법칙이다.

나의 인생을 창조하는 것은 바로 나 자신이다. 그러나 무엇보다 생각과 말과 행동으로 열 가지 나쁜 업을 짓지 않는 것이 중요하다. 우리가 법답지 못한 생각과 말과 행동으로 업을 짓게 되면, 그 인연으로 이 세상에서도 괴로움의 과보를 받게 되지만, 몸이 무너지고 목숨이 끝나고 나서도 지옥이나 축생으로 태어나는 과보를 받게 된다.

초기 경전인 《잡아함경》을 보면, 〈원주경(圓珠經)〉에 이런 말이 있다.

나쁜 업의 인(因), 나쁜 마음의 인, 나쁜 견해의 인이 있다. 그런 업인(業因)이 있는 중생은 몸이 무너지고 목숨이 끝나면 틀림없이 나쁜 세계인 지옥에 떨어진다. 비유하면 둥근 구슬을 공중에 던지면 그것이 땅에 떨어져 [땅이 기울어진 쪽을 향해] 굴러서 본래 있던 자리에 머물지 않는 것처럼 나쁜 업의 인, 나쁜 마음의 인, 나쁜 견해의 인은 몸이 무너지고 목숨이 끝난 뒤에는 반드시 지옥에 떨어져 본래 자리에 머물 수 없게 된다."—《잡아함경》, 〈원주경(圓珠經)1〉[60]

나는 누구인가? 생각과 말과 행동이 곧 나다. 우리는 태어나면서부터 빈부귀천이나, 나는 누구라고 정해진 것이 아니다. 고정불변의 '나'란 없다. '바른 생각과 바른 말과 바른 행동'이 바른 존재를 만들어 간다.

앞으로의 나는 무한히 열려 있다. 그래서 우리는 부처도 될 수 있다. 그러기 위해서는 무엇보다 자비희사의 생각과 말과 행동을 하는 것이 중요하다.

그래서 부처는 우리에게 "만약 어떤 사람이 남을 사랑하는 마음(慈), 함께 슬퍼하는 마음(悲), 함께 기뻐하는 마음(喜), 편견없이 공평한 마음(捨)으로 행동한다면, 그는 생각과 말과 행동으로 나쁜 업을 짓지 않을 것이다. 업이란 이 몸을 따라 저 세상에 가는 것이 아니라 그 마음을 따라 저 세상에 간다. 이렇게 닦으면 그는 반드시 아나함이나 그보다 나은 과보를 얻을 것이다"라고 말한 것이다.

---

60) 김월운 옮김,《잡아함경》 4권, 377~378쪽, 동국역경원, 2010

6
업은 스스로 짓고 스스로 받는다

업은 피할 수 없는 인과법칙과 같다. 마치 "콩 심은 데 콩 나고, 팥 심은 데 팥 난다"는 말과 같다. 누구든 나쁜 업을 지으면 그 인연으로 인해 벌을 받게 되고, 좋은 업을 지으면 그 인연으로 인해 좋은 결과가 따르게 된다.

나의 인생을 창조하는 것은 바로 나 자신이다. 우리가 법답지 못한 생각과 말과 행동으로 업을 짓게 되면, 몸이 무너지고 목숨이 끝나고 나서 지옥이나 축생으로 태어나는 과보를 받게 되지만, 그 인연으로 이 세상에서도 괴로움의 과보를 받게 된다.

그런데 왜 세상에는 악업을 짓고 있는 사람이 잘 되거나, 선업을 짓고 있는 사람이 고통을 받는 경우가 생기는 걸까?

이 세계에는 여전히 자신이 기울이는 노력이나 의지와는 다른 모순적인 삶이 펼쳐지고 있는 것 또한 사실이다.

업은 인과의 법칙이고 인과응보이고 자업자득이다. "착한 일에는 즐거움이 따르고, 악한 일에는 괴로움이 따른다."

그런데 세상일을 살펴보면 악인(惡人)이 잘 되고, 착하고 선한 일을 하는 사람이 억울한 일을 당하거나 고통을 받는 경우가 생긴다.

아무것도 모르고 어떤 잘못도 저지른 적이 없는 순진무구한 어린아이들이 굶주리고 심지어 학살되는 일도 있다.

세상에 신(神)이나 천도(天道)나 또는 정법(正法)이 있다면 이럴 수 없다는 것이 종교를 부정하는 사람들의 생각이다. 자연의 생태계

와 그 일부라고 할 수 있는 인간의 삶을 살펴보면 이 사람들의 생각에 머리가 끄덕여지기도 한다.[61]

세상에 신(神)이 있다면 또는 하늘의 도가 있다면, 이런 일이 벌어질 수 있을까? 인간의 이런 모순적인 삶을 살펴보면, 신(神)이나 종교나 철학으로는 도저히 명쾌한 답을 내놓을 수 없는 게 사실이다.

지금도 이 지구상에는 전쟁으로 인해 아무런 잘못도 없는 무고한 시민들이 죽기도 한다. 또 환경을 한 번도 오염시킨 적도 없고 자연의 순리에 따라 평화롭고 행복하게 살아가는 태평양의 섬나라, 세계에서 행복지수가 가장 높다는 바누아투가 어느 날 갑자기 불어 닥친 허리케인으로 인해 쑥대밭이 되는 일도 있다.

심지어 사람과의 접촉이 한 번도 없는 태평양 심해의 바다 생물(Hirondellea gigas라는 새우와 비슷하게 생긴 갑각류)이 중국의 오염된 강에서 잡은 게보다 독성물질 수치가 높은 것으로 나타나 충격을 주고 있다.

이번 연구를 통해 해구는 결코 세상과 동떨어진 오지(奧地)가 아닌 것으로 밝혀졌으며, '세계는 모두 연결되어 있다'는 말을 떠올리게 된다. ─스크립스 해양학연구소의 더글러스 바틀렛 박사(심해미생물학)

이 외에도 북극해 연안에 사는 이누이트 족과 서유럽의 범고래, 돌고래에서도 오염된 독성물질이 검출되고 있다.

---

[61] 김성구, 〈법보신문〉 (2010) 일부 인용

우리가 일으킨 환경오염이 북극의 빙하를 녹게 하고, 태평양의 케르매덱 해구와 마리아나 해구의 심해 생물들을 병들게 하고, 태평양의 섬나라 사람들과 북극해 연안에 사는 사람들을 희생시키고 있는 것이다.

이는 자신이 지은 업이 '타인'이나 어떤 '집단'에 영향을 미치기도 하지만, 또 동시에 자신의 삶이 '타인'이나 어떤 '집단'이 짓는 업에 의해서 영향을 받기 때문이다. 우리 모두가 인과의 사슬에 얽혀 있기 때문이다.

악한 사람들이 잘 살고, 착한 사람들이 못사는 것도 반드시 개인의 업의 문제만은 아니라는 것이다.

하지만 업은 단순하기 그지없다. 인간의 어지간한 지혜로 알아차리지 못할 뿐 업을 지으면 그 결과로부터 누구도 벗어날 수 없다.

업은 우주와 인생, 모든 사물과 현상에 대한 깨달음을 의미한다. 이 깨달음에는 한계가 없다. 깨달음의 대상이 한계가 없으므로 깨달음 역시 그 한계가 없다.

다만 업을 짓고, 그 결과가 드러날 때까지는 시간차가 생길 뿐이다.

나쁜 사람들이 왜 잘사나?

왜 착하고 선한 구석이라고는 한 군데도 없고, 탐욕뿐이고 온갖 못된 짓을 하는 사람들이 버젓이 잘 살아가고 있는 걸까?

누구나 이런 의문이 들것이다. 진짜 행복한지는 알 수 없지만, 속으로 나보다 더 천박한 사람들이 버젓이 나라를 다스리고 있고, 나보다 더 게으른 사람이 더 많은 부를 가지고 있고, 나보다 더 나쁜 짓을 하는 사람들이 잘 사는 것을 보면서, 선악도 없고 인과도 없다고 할지도 모른다.

그러나 결론부터 말한다면, 이는 잠시 우리들 눈에 그렇게 보일 뿐이다. 삶은 뿌린 대로 거두기 마련이다. 업은 씨앗과 같다. 선행을 하면 반드시 좋은 결실을 맺게 되고, 악행을 저지르면 반드시 나쁜 과보가 따르게 된다.

> **탐욕**에 물들어 집착하면 마음을 덮어버리기 때문에 혹은 자기를 해치기도 하고 혹은 남을 해치기도 하며 혹은 둘 다 한꺼번에 해치기도 합니다. 현세에서 죄를 받기도 하고 후세에서 죄를 받기도 하며 현세와 후세에서 모두 죄를 받기도 합니다. 그래서 그 마음은 언제나 근심하고 괴로워하는 감정을 가지게 됩니다. 또 만약 성냄에 덮이고 어리석음에 덮이면…… 그 마음은 언제나 근심하고 괴로워하는 감정을 가지게 됩니다. ―《잡아함경》,〈전타경(旃陀經)〉[62]

우리가 업을 지으면, 현세에서 과보를 받기도 하고 후세에서 과보를 받기도 하고 현세와 후세에서 모두 과보를 받기도 한다. 그것은 현세에서 그 결과가 다 드러날 때까지는 시간차가 생기기 때문이고, 또 그 결과가 현생에서 다 나타나는 것이 아니기 때문이다.

그래서 나쁜 행위가 아직 무르익기 전에는 악행을 저지르는 사람도 꿀같이 달콤할 수가 있다. 우리가 생각하고 말하고 행동하는 것이 곧바로 이뤄지지 않기 때문에 이를 깨닫지 못하고 달콤함에 젖어 있는 것이다.

---

[62] 김월운 옮김,《잡아함경》4권, 219쪽
[63] 유중 옮김,《하룻밤에 읽는 법구경》, 36쪽

> 악행이 아직 무르익기 전에는 어리석은 사람은 '꿀과 같이 달콤하다'고 생각한다. 그러나 그 악행의 열매가 익게 되면 그는 쓰디쓴 고통을 맛보지 않으면 안 된다. —법구경 69⁽⁶³⁾

미래의 어느 시점이라고 정확히 예측할 수 없을 뿐이다. 그 사람이 지어온 업에 따라 당장 받을 수도 있고, 더 많은 시간이 지나서 받을 수도 있고, 죽기 전에 받을 수도 있다. 그것도 아니라면 죽고 난 후 다음 생에 받을 수도 있다.

이는 각자가 맺고 있는 인연이 어느 정도인가에 따라 개개인의 모든 행위의 결과들이 현생에서 다 나타나는 것이 아니기 때문이다.

거시적인 세계에서 보면, 겨울이 지나면 봄이 오고, 봄이 오면 동백꽃, 개나리, 진달래, 벚꽃, 철쭉들이 피어날 것을 안다. 인과법칙은 거시적인 세계를 다루는 물리학의 고전역학처럼 현재의 상태를 정확히 알고 있다면 미래의 어느 순간에 어떤 사건이 일어날지를 정확히 예측할 수 있다.

그러나 미시적인 세계에서는 현재 상태에 대하여 정확히 알 수 있다 하더라도 미래의 어느 순간에 어떤 사건이 일어나게 될지를 정확히 예측하는 것이 불가능하다. 우리 눈에 보이지 않는 미세한 변수들이 작용하고 있기 때문이다.

인연의 법칙은 미시적인 세계를 다루는 양자역학과 같다. 그래서 인간의 힘이나 어지간한 지혜로는 좀처럼 알아차릴 수 없다. 예컨대 과거에 우리가 뿌린 씨앗 중에는 좋은 씨앗도 있고, 그렇지 못한 씨앗도 있다. 인연의 법칙에 따라 이런 세세한 인연들이 작동하고 있기 때문에 인간의 힘으로는 어느 시점에 그 과보를 받을지 미래를 정확히 예측할 수가 없다. 이는 여러 사람이 같은 상황을 겪어도 서로 다른 결과가 나오는 것과 같은 경우이다.

그러나 이런 불확정성은 자연스러운 현상이며, 우리가 지은 업은 각종 인연과 화합하여 과보를 형성하게 된다. 그리고 그 업이 누적이 되어 무르익게 되면 결국 열매를 맺게 된다. 우리가 반드시 치러야 할 이와 같은 '업보'에서 벗어날 길이 없다.

그래서 어떤 행위 자체가 사라지거나 내가 지은 업이 소멸되는 것은 아니다. 죄를 지으면 벌을 잉태한다.

그러나 나쁜 행위가 아직 무르익기 전에는 악행을 저지르는 사람도 꿀 같이 달콤할 수가 있고 행복(?)할 수가 있다. 그렇지만 그것은 그 악행이 무르익기 전까지만 그렇다. 개인마다 시간의 차이가 있을 뿐 결국은 그 과보를 받게 된다.

> 업의 작용은 비인격적이다. 상과 벌을 판별하는 판관신은 존재하지 않는다. 모든 행위는 상이나 벌의 씨앗을 안고 있다. 그 결과가 행위 후 즉각 나타나는 것은 아니지만, 인간이 그것을 피할 도리는 없다.[64]

> 쇠에서 생긴 녹이
> 쇠를 먹어들어 가듯
> 죄를 지은 자는 자기의 악행 때문에
> 스스로 지옥으로 걸어간다. —법구경 240[65]

---

[64] 보르헤스 외, 《보르헤스의 불교 강의》, 133쪽
[65] 유중 옮김, 《하룻밤에 읽는 법구경》, 102쪽

산이 금을 냄으로써 파헤쳐지고, 나무가 벌레를 끓게 함으로써 파먹히듯이, 사람은 자기가 저지른 나쁜 행위로 도리어 자신을 다치고 만다. －회남자

즉 누군가가 죄인에게 그 죄를 묻는 것이 아니다. 그 죄 자체가 그를 벌하는 것이다. 따라서 용서란 있을 수 없고, 또 누구도 대신 벌을 받을 수 없다.

풀을 애써 가꾸지 않아도 자라나는 것처럼 저절로 이루어진다. 그러나 흰가룻병이 잘 익은 논을 덮치면 결국 그 논이 오래갈 수 없고, 잎마름병이 사탕수수 밭에 퍼지면 그 사탕수수 밭이 오래 견뎌 내지 못하는 것과 같다.

따라서 악한 자가 잘 된다고 불평할 것도, 불의한 자가 잘 산다고 부러워할 게 없다. 풀처럼 삽시간에 시들고 푸성귀처럼 금방 스러지고 말기 때문이다.

지금 나쁜 짓을 하고도 부와 권력을 누리며 인생이 '꿀과 같이 달콤하다'고 생각하면서 이를 의식하지 못하고 살아가지만, 끝내는 결국 뿌린 대로 거두게 된다.

악행도 마치 갓 짜낸 우유와 같아서 그 즉시 그 업이 굳어지지는 않는다. 그러나 재 속에 덮인 불씨가 두고두고 타듯이 그 업은 그 어리석은 자의 뒤를 따라다닌다. －법구경 71[66]

---

66) 유중 옮김, 《하룻밤에 읽는 법구경》, 37쪽

재 속의 불씨는 꺼진 것이 아니다. 다만 검게 그을려 보일 뿐이고, 어떤 조건이 이루어지면 다시 타오르게 된다.

인간이 아무리 교묘하게 저지른 악행도 지금 당장 드러나지 않는다고 하더라도, 두고두고 그를 따르다가 어떤 조건이 이루어지면 낱낱이 드러나게 되고 그 과보를 받게 된다.

이는 역사적인 경험으로도 알 수 있다. 이 세상에서도 그 죄 값을 치르게 되고 자신을 망치게 된다.

그리하여 이 나쁜 행위가 알려지게 되면 거기 걷잡을 수 없이 슬픔의 파도가 밀려온다. 이로 인하여 운명은 여지없이 부서질 것이며 그의 명성은 갈기갈기 찢겨질 것이다.

설사 이 세상에서 무난히 넘어갔다고 하더라도 그 행위는 결코 사라지지 않는다. 다음 생에 그 인연으로 몸이 무너지고 목숨이 끝나면 지옥에 떨어지거나 축생으로 태어난다. 이를 경전에서는 이렇게 비유하고 있다.

> 그는 그때 몸으로 짓는 사행(身蛇行), 입으로 짓는 사행(口蛇行), 뜻으로 짓는 사행(意蛇行)을 행한다. 그는 이와 같이 생각과 말과 행동으로 사행을 행한 뒤에 두 세계에서 하나하나의 세계인 지옥이나 축생 세계로 향한다. 사행 중생이란, 즉 뱀, 쥐, 고양이, 살쾡이 따위의 배걸음질하는 중생들을 말하는 것이니, 이것을 사행법이라고 하느니라. —《잡아함경》,〈사행경(蛇行經)〉[67]

---

[67] 김월운 옮김,《잡아함경》4권, 376~377쪽 참고

이 세상의 어떤 사람도 원치 않는 불행이나 나쁜 일을 겪고 싶지 않을 것이다. 그동안 자신이 원하는 것을 얻고 마음껏 살았더라도 지금 나쁜 짓을 하고 있다면 원치 않는 불행이 찾아올 것이다. 그동안 자신이 원하는 것을 얻고 마음껏 산 것도 업이 작동한 결과이지만, 업은 잠시도 쉬지 않는다.

따라서 이 세상의 많은 권력자들과 그 권력에 빌붙어 권세를 누리는 사람들이 세상을 속이며 저지른 악은 말할 것도 없고, '이것은 별거 아니겠지' 그리고 '내게는 과보가 오지 않으리라' 생각하며 조그만 악이라도 소홀히 생각해서는 안 된다. 조그만 악이라 하더라도 그것이 쌓이면 그 결과 큰 재앙을 불러들인다.

'내게는 업보가 오지 않으리라' 생각하고, 악을 가볍게 여기지 말라. 물방울이 고여서 물항아리를 채우듯 작은 악이 조금씩 쌓여 큰 죄악이 된다. —법구경 121[68]

악업은 선업으로 갚으라

그렇다면 악업을 짓는 사람들에게는 희망이 없을까? 우리가 생각과 말과 행동으로 어떤 씨앗을 뿌리면 그 종류에 따라 과보가 생겨난다. 악행의 종자만을 심으면 끝없는 악과를 거둬야 한다. 두려움의 종자를 심으면 끝없이 두려움의 악과를 거둬야 한다. 탐욕과 성냄과 어리석음의 종자를 심으면 끝없이 탐욕과 성냄과 어리석음의 악과를 거둬야 한다.

그러나 반대로 선행의 종자를 심으면 선과를 거두게 된다. 그래서 우

---

[68] 유중 옮김, 《하룻밤에 읽는 법구경》, 56쪽

리에게는 항상 삶을 바꿀 수 있는 희망이 있다. 왜냐하면 우리는 뿌린 대로 거두기 때문이다.

때문에 인생을 창조하는 것에는 때가 없다. 만약 내가 했던 일들 가운데 잘못이나 불안하고 후회하는 마음이 드는 일들이 있다면, 지금 미래의 삶을 바로 바꿀 수 있는 한 가지 좋은 방법이 있다. 사실 이것이 유일한 방법이기도 하다. 지난날의 잘못을 되돌아보고, 좋은 업으로 나쁜 업을 지워버리는 것이다. 나쁜 업은 인간의 그 어떤 지혜로도 바꿀 수 없지만, 좋은 업으로 바꿀 수 있다는 것이다.

즉 선업으로 악업을 지울 수 있다는 것은, 수학의 덧셈과 뺄셈처럼 선업으로 악업을 상쇄시키는 것이다. 마치 많은 씨앗들 중에 나쁜 씨앗들은 골라내서 버리고 내 안에 좋은 씨앗들을 골라 담는 것과 같다. 그래서 내가 지은 업에서 악업보다 선업을 더 많게 하는 것이다. 이처럼 선업으로 악업을 지울 수 있는 시간차가 있다는 것이 얼마나 다행스러운 일인가!

《밀린다팡하》에서는 이와 같이 선업으로 악업을 지울 수 있다는 것을 다음과 같이 비유하고 있다.

왕이 물었다.
"'악행을 지었더라도 선행을 쌓는다면, 그 사람은 천상(天上)에 태어날 수 있다' 혹은 '단 한 번의 살생(殺生)으로도 지옥에 태어날 수 있다'고 그대들은 말합니다. 나는 이것을 믿지 않습니다."
"대왕이여, 조그마한 돌이지만 배에 싣지 않고 물 위에 띄울 수 있습니까?"
"그럴 수 없습니다."

"대왕이여, 백 개의 수레에 실을 만한 바위라도 배에 싣는다면 물 위에 뜰 수 있습니까?"

"그렇습니다. 물 위에 뜰 수 있습니다."

"대왕이여, 선업(善業)은 마치 그 배와 같습니다."[69]

이것이 선업의 힘이다.

인생은 운이 좋아서 좋은 일이 있고, 운이 나빠서 나쁜 일이 일어나는 것이 아니다. 그 운이라는 것이 사실은 좋은 인연을 말한다. 우리가 깨닫지 못해 그저 막연하게 운이라고 말할 뿐이다. 우리가 운이라고 여기는 좋은 일은 선업을 많이 지었기 때문이고, 나쁜 일은 악업을 많이 지었기 때문이다.

모든 것은 인연 따라 일어나고 인연 따라 사라진다. 이것이 위대한 사문의 가르침이다. 그리고 그것은 누구에게나 똑 같다. 마치 햇빛과 같다.

자연은 편애하지 않는다. 햇빛은 지구 전체를 공평하게 비추어 준다. 그리고 가난한 사람이나 부자인 사람이나, 피부색이나 국가를 가리지 않고 햇빛은 각자의 지붕에 똑같이 비추어준다.[70]

업은 마치 햇빛과 같다. 아주 공평하다. 선업을 짓는 사람이나 악업을 짓는 사람이나 누구를 편애하거나 차별하지 않는다. 그가 뿌린 대로 그저 되돌려 줄 뿐이다.

---

69) 서경수 옮김, 《밀린다왕문경》, 179~180쪽, 민족사, 2009
70) 프리먼 다이슨, 《태양 지놈 그리고 인터넷》, 114~115쪽, 사군자, 2001

인생은 자신에게 달려 있고, 자신의 생각과 말과 행위에 달려 있다. 내가 하고 있는 모든 행위의 결과가 바로 나다.

이미 나쁜 업을 지었거나 지금 나쁜 행위를 하고 있다면, '꿀과 같이 달콤하다'는 환상에서 깨어나, 좋은 행위로 그것을 상쇄시켜야 한다. 그 길 외에는 없다. 누구나 예외 없이 뿌린 대로 거두기 때문이다.

착한 사람들이 왜 고통을 받는가?

마찬가지로 이 세상에서는 아무리 바르게 살아도 고난을 당하는 사람들이 있다. 착하게 사는 사람이 수난을 당하기도 하고, 부지런히 일하며 열심히 사는 사람이 역경에 처할 수도 있다. 이 역시 인과법칙이 작동하지 않아서 그런 것이 아니다.

나쁜 사람들이 하는 나쁜 행위도 그 열매가 무르익기 전에는 즐거움을 누릴 수 있듯이, 선행을 하는 사람도 착한 행위가 아직 무르익기 전에는 괴로움을 당할 수 있다.

> 착한 행위가 아직 무르익기 전에는 착한 사람도 고난을 당한다. 그러나 그 선행의 열매가 무르익게 되면 그는 복을 받는다. ―법구경 120[71]

때가 되어 선행의 열매가 무르익게 되면, 결국 그 결실을 거두게 된다.

---

71) 유중 옮김, 《하룻밤에 읽는 법구경》, 55쪽

단지 우리가 미래를 정확히 예측할 수 없을 뿐이다. 이 역시 그 때까지의 시간은 각자가 맺고 있는 인연의 깊이에 따라 다를 수 있다.

물론 시간의 차이가 있다는 것이 착한 사람들에게는 안타까울 수도 있다. 그렇다고 결코 상심할 필요가 없다. 이 세상에 고정불변하는 것은 아무 것도 없다. 변치 않는 '나'도 없고, '세상'도 없고, 불변의 '운명' 따위도 없다.

그래서 '이것은 별거 아니겠지' 그리고 '내게는 좋은 업보가 오지 않으리라' 생각하며 조그만 선행이라도 소홀히 해서는 안 된다. 조그만 선행이라 하더라도 그것이 쌓이면, 그 결과 큰 과보를 받게 된다.

> '내게는 업보가 오지 않으리라' 생각하고, 선을 가볍게 여기지 말라. 물방울이 고여서 물항아리를 채우듯 조금씩 선행이 쌓여 큰 선을 이룬다. —법구경 122[72)]

예컨대 어떤 사람들의 죄는 명백해서 재판을 받기 전에 먼저 드러나고 어떤 사람들의 죄는 나중에 드러나기도 한다. 마찬가지로 착한 행실도 당장에는 드러나지 않더라도 저절로 드러나기 마련이다.

우리가 언뜻 보기에 각 개인의 차별적 인과관계가 대단히 복잡해 보일 것이다. 하지만 각 개인들의 인과관계가 아무리 복잡하게 보이더라도, 그 사이에도 또한 인과법칙은 정연한 법칙에 따라 매우 가지런하게 작동한다.

업은 그지없이 단순하다. "콩 심은 데 콩 나고 팥 심은 데 팥 난다." 선

---

72) 유중 옮김, 《하룻밤에 읽는 법구경》, 56쪽

인(善因)은 선과(善果)를 발생시키고, 악인(惡因)은 악과(惡果)를 발생시킨다. 다른 종류의 과를 발생시킬 수 없다는 것이다. 착한 일에는 즐거움이 따르고, 악한 일에는 괴로움이 따른다.

이 세상의 누구나 행복해지기를 원하고 좋은 일과 즐거운 일만 겪고 싶어 할 것이다. 그렇다면 어떤 행위를 하고 난 후, 좋은 느낌이 드는 행위는 계속해서 해야 한다. 이는 바른 길을 가고 있기 때문이다.

> 어떤 행위를 하고 난 뒤에 후회하는 마음이 없거나 기쁨과 행복감에 젖는다면, 이런 행동은 잘 한 것이다. —법구경 68[73]

물론 삶이 힘들고 괴로울 때 가끔씩 이런 생각이 들 수 있다. '나도 남들처럼 대충 살아야 하나? 적당히 때를 묻히며 세상을 쉽게 사는 사람들도 많은데!'

당연히 세상을 대충 사는 것은 쉽다. 타인을 배려하거나 주변을 둘러볼 필요도 없고, 잘못을 해도 거짓말을 하면 되고, 세상이 어떻게 되든 말든 염치도 체면도 양심도 부끄러움도 모르고 사는 것이다.

> 수치심도 없고 부끄러운 줄 모르고, 이간질하고, 중상모략하고, 무례하고, 뻔뻔하고, 더러운 채로 사는 사람에게 인생은 살기 쉽다.
> —법구경 244[74]

이렇게 세속적인 인간으로만 살아가는 사람들에게 인생은 너무나 쉽

---

73) 유중 옮김, 《하룻밤에 읽는 법구경》, 36쪽
74) 유중 옮김, 《하룻밤에 읽는 법구경》, 103쪽

고 간편하다.

그러나 이 세상을 쉽게 사는 사람들은 사실은 무지 때문이다. 무지란 배우지 못한 것을 뜻하는 것이 아니다. 무지란 이 세상에는 선악도 없고 인과도 없으며, 보시나 재(齋)의 공덕도 없고 이 세상도 저 세상도 없으며, 스스로 알고 스스로 증득하는 깨달음도 없다고 여기는 것이다.

이들에게는 인생이 쉽고 간편하다. 왜냐하면 이들의 삶의 기준은 에고(ego)이기 때문이다. 자신에게 이익이 되면 좋아하고, 해가 되면 싫어하는 것이다.

그 결과 이 세계가 이기심, 탐욕, 분노, 어리석음, 불의. 옳지 못한 수단과 방법, 권력에 아첨, 속고 속이는 갖가지 교언영색, 위선, 갈등, 무력, 뇌물, 폭력 등 온갖 괴로움이 난무하는 세계가 된 것이다.

이 세계에서 때 묻지 않고 세상을 깨끗이 살아가려는 사람들에게 인생은 확실히 큰 고행임에 틀림없다.

> 부끄러운 줄을 알고 항상 깨끗함을 쫓고, 겸손하고, 집착하지 않고, 무례하지 않고, 진리를 보고, 때 묻지 않고 사는 사람에게 인생은 살아가기 힘들다. —법구경 245[75)]

예컨대 착한 사람들은 자신의 이익을 떠나 항상 옳고 그름을 생각하며, 거짓말이나 부정한 짓을 싫어하기 때문에 인생이 쉽지가 않다.

그래서 사실 누구나 바른 길을 가더라도 삶이 좀처럼 나아지지 않고 힘들 때는 마음이 흔들릴 수가 있다.

---

75) 유중 옮김,《하룻밤에 읽는 법구경》, 103쪽

그러나 잘 생각해 보면, 삶은 고행이다. 농사를 짓는 것도, 장사를 하는 것도, 땀 흘리며 일을 하는 것도 고행이다. 인간으로 태어나 사는 삶 그 자체가 고행이다.[76)]

그러나 참고 견디며 때 묻지 않고 세상을 깨끗이 살아가기 위해 노력하는 것은 인간으로서 우리가 마땅히 해야 할 일이다.[77)]

왜냐하면 우리는 태어나면서부터 누군가의 덕분에 살아가고 있기 때문이다. 이게 삶이다. 그래서 인생은 누군가로부터 얻은 것으로 살아가는 것이기에 우리는 그것을 또다시 누군가에게 나누어 주며 살아가야 하고, 이 세상을 더 아름답고 살만하게 만들어야 할 의무가 있다.

때 묻지 않고 깨끗하게 살아가는 사람들에게 이 삶은 분명 힘든 고행길이지만, 우리는 이 삶을 조심성 있게 살아가야 한다. 그것이 우리가 취해야 할 올바른 자세이다.

---

76) 그렇다고 이것이 인생을 소극적이고 부정적으로 보는 걸까? 사실은 결코 그렇지 않다. 부처가 중생을 위해 가장 먼저 사성제(四聖諦 : 인생의 괴로움에서 벗어나 영원한 자유에 이르게 하는 '네 가지 성스러운 진리')를 설한 것도 이 때문이다. 예컨대 "우리는 일상생활에 있어서 수많은 문제와 부딪히게 된다. 하지만 스스로를 한탄하거나 후회만 하고 있어서는 안 된다. 먼저 문제를 정확히 이해하고, 문제의 원인을 파악한 후, 그 문제를 해결하려는 목표를 세우고, 마지막으로 해결의 방법을 실행에 옮기는 것이다. 이것이 사성제의 가르침이다. 마찬가지로 '삶이 고다'는 사실을 깨닫지 못한다면, 우리는 영원히 고해(苦海) 속에서 살아갈 것이다(지뿌, 《반야심경》, 62쪽 참고, 일빛, 2015)."

77) 우리가 사는 이 세상을 사바세계라고 한다. 사바(娑婆)는 산스끄리뜨어 'Sahā'(원래 '땅, 대지'를 뜻함)를 음역한 것이고, Sahā는 동사 'sah'('인내하다'의 뜻)에서 파생된 말이다. 그래서 사바세계는 '참고 견디어 나가야 하는 세상'이란 뜻이 담겨 있다. 그래서 우리가 사는 이 세계를 '인토(忍土 : 참는 땅)' 혹은 '감인토(堪忍土 : 감내하고 참는 땅)'라고도 하는 것이다.

우리가 겪는 모든 경험은 우리에게 유익한 것이다. 이것이 우리가 취해야 할 올바른 자세이며, 우리는 그러한 시각으로 볼 수 있어야만 한다. －레이몬드 할리웰(Raymond Holliwell)

순경(順境)은 행운자(幸運者)를 시련하고, 역경(逆境)은 위인(偉人)을 시련한다. －오비디우스

그리고 진실로 이를 받아들인다면, 그 인연으로 인해 결국 자신에게 커다란 변화가 일어나게 된다.

많은 사람의 공경을 받는 사람은 무슨 까닭인가?
빈부귀천을 가리지 않고 사람의 가치가 존귀함을 스스로 깨달아 알고 이를 남들에게 가르쳐준 때문이다.
근심 걱정 없이 살아가는 사람은 무슨 까닭인가?
스승을 잘 모시고 진리의 말씀을 따랐기 때문이다.
의식주가 풍족하여 부귀와 영화를 누리는 사람은 무슨 까닭인가?
재물을 탐내어 인색하지 않고 가난한 사람을 위해 서슴없이 보시하고 희사하였기 때문이다.
수명이 길고 그 이름이 떨쳐 태산같이 높은 사람은 무슨 까닭인가?
많은 생명을 보호하고 공덕을 베푼 때문이다. －〈삼세인과경〉

아무리 바르게 살아도 고난을 당하는 사람들이 있다. 착하게 사는 사

람도, 부지런히 일하며 열심히 사는 사람도 역경에 처할 수 있다. 하지만 삶은 항상 변한다. 결국 그 결실을 거두게 된다.

우리가 살면서 겪는 삶의 고통은 잠시지만, 악업으로 받아야 할 과보는 끝이 없다.

물론 그 선택은 자신의 자유의지에 달려 있다.

7

집단이 짓는 업이란 무엇인가?

우리는 자신의 의지 대로 살아간다. 그렇다면 이 세상은 나만 착하게 살면 행복할 수 있을까? 불행하게도 그렇지가 않다.

앞에서 말했듯이 이 지구상에는 전쟁으로 인해 아무런 잘못도 없는 무고한 시민들이 죽기도 하고, 어떤 잘못도 저지른 적이 없는 순진무구한 어린아이들이 굶주리고 심지어 아무것도 모르고 학살되는 일이 있기도 하고, 자연의 순리에 따라 평화롭게 살아가며 환경을 한 번도 오염시킨 적도 없는 섬나라가 어느 날 갑자기 불어 닥친 허리케인으로 인해 쑥대밭이 되는 일도 있다.

또 남보다 두 배 노력한다고 두 배의 결과가 나오지 않는 것이 이 세상이다. 악인(惡人)이 잘 되고, 착하고 선한 사람이 억울한 일을 당하거나 고통을 받는 경우도 있다.

인간이 기울이는 노력의 결과가 여러 가지 모습으로 나타나는 것이 현실이다.

세상에 신(神)이 있다면 또는 하늘의 도가 있다면, 이런 일이 벌어질 수 있을까? 인간의 이런 모순적인 삶을 살펴보면, 신이나 종교나 철학이나 과학으로는 도저히 명쾌한 답을 내놓을 수 없는 게 사실이다.

업은 우주와 인생, 모든 사물과 현상에 대한 깨달음이다. 이 깨달음에는 한계가 없다. 깨달음의 대상이 한계가 없으므로 깨달음 역시 한계가 없는 것이다.

즉 이와 같은 현상이 벌어지는 것은 신의 뜻도 아니고 인간의 노력이나 의지와 상관없이 세상이 우연이나 제멋대로 돌아가서도 아니다.

이런 모순적인 삶이 일어나는 것은 바로 우리 모두가 인과의 사슬에 얽혀 있기 때문이다. 다시 말해서 자신이 지은 업이 '타인'이나 어떤 '집단'에게 영향을 미치기도 하지만, 또 동시에 자신의 삶이 '타인'이나 어떤 '집단'이 짓는 업에 의해서 영향을 받기 때문이다.

업은 '개인의 업'과 '집단의 업'을 동시에 지닌다

영국의 철학가이며 구도자인 폴 브런튼(Paul Brunton : 1898-1981)은 자신이 쓴 책《업이란 무엇인가?(*What is Karma?*)》에서 이렇게 말한다.

업은 이중적인 법칙이다. 업은 '개인의 업'과 '집단의 업'을 동시에 지니고 있다. 그래서 이 두 가지가 누구에게나 동시에 작동하고 있다. 이와 같이 업이 이중적인 특성을 띠고 있는 것은 우리가 서로 연결되어 있기 때문이다. 그래서 업은 단순히 개인만의 문제가 아니고 또 그렇게 될 수가 없다.

우리가 '나'라는 개인이 독립되어 있다고 생각하는 것은 단지 허구적 상상력에 불과하다. 우리 각 개인의 삶은 분리되어 있는 것이 아니라, 지역, 국가, 대륙, 그리고 지구라는 끊임없이 확장되는 순환을 통해 모든 인류의 삶과 얽혀 있다. 심지어 나의 생각도 세계의 지배적인 정신적 분위기에 영향을 받게 되고, 나의 행동 역시 의식적으로든 무의식적으로든 사람들을 지배하는 일반적인 행동에 의해 영향을 받으면서 조화를 이루게 된다.

이를 강으로 비유하면 이렇다. 수많은 다른 지류에서 흘러온 물들이 큰 강으로 흘러가 섞이게 되듯이 우리 각자가 생각하고 말하고 행동한 결과들이 사회라는 강으로 흘러가고 섞이게 된다. 그로 인해 개인의 업들이 집단적인 차원의 업을 일으킨다. 그 결과 '나'라는 개인은 다른 모든 개인들이 형성한 업을 공유하게 되고, 마찬가지로 다른 사람들도 '나'의 업을 공유하게 된다.

물론 그 둘 사이에는 차이가 있다. 즉 그 업에 대한 몫은 생각과 말과 행동으로 처음 발생시킨 어떤 사람과 그와 밀접하게 관련을 맺고 있는 사람들에게 크게 영향을 미치는 것이다. 자신의 개인적인 과거의 행위가 빚어낸 결과의 몫은 자신이 가장 크게 받게 되고, 다른 사람들의 행위가 빚어낸 결과의 몫은 작게 받는다는 뜻이다.

그러나 어떤 특별한 또는 아주 다른 상황에 있는 사람이라 하더라도 다른 사람들로부터 벗어날 수는 없다. 우리 모두는 연결되어 있다. 많은 사람들이 그렇듯이 개개인들은 자신의 삶을 살 수 있으며, 다른 사람들을 무시하며 살 수 있다고 착각한다. 그러나 스스로 속일 수는 있지만, 머잖아 이것이 잘못임을 경험을 통해 깨닫게 된다. 우리 모두는 궁극적으로는 하나의 큰 가족이다. 이것이 경험을 통해 배우는 가르침이다.

그래서 업은 개인은 물론 지역, 사회, 도시, 국가, 그리고 세계에 그대로 적용된다. 결국 우리는 자아를 넘어서 모두가 한 몸의 팔과 다리처럼 하나의 존재라는 것이다.

이와 같이 업은 우리 인류에게 최고의 가르침을 주고 있다. 이를 깊이 숙고해 보면, 우리는 각자가 자신의 행복을 바란다면 똑같이 다른 사람들의 행복을 고려해야 한다는 것이다.

업은 이중적인 법칙이다. 업은 '개인의 업'과 '집단의 업'을 동시에 지니고 있으며, 어느 누구도 집단이 짓는 업에서 벗어날 수 없다. 우리는 서로 연결되어 있기 때문이다.[78]

이와 같이 우리는 서로 연결되어 있다. 이 세상은 어떤 사람도 홀로 살 수 없고, 더불어 살아갈 수밖에 없다. 개인이 아무리 착하게 살더라도 다른 사람들이 짓는 업에 의해서 영향을 받게 된다.

업은 개인의 문제만이 아니다. 그래서 업은 우리에게 더욱더 적극적인 책임 의식과 공동체 의식을 요구하고 있는 것이다. 이것을 이해할 때, 비로소 업을 온전히 이해한 것이다.

그러나 이 세상의 온갖 문제는 사실은 이를 깨닫지 못하고 자신이 타인과 분리되어 있다고 생각하는 데서 비롯된다. 그러나 자신이 타인과 분리되어 있다는 생각은 편협하고 사실이 아닌 허구적인 생각이다. 이는 우리가 살면서 현실 속에서 수없이 많은 경험을 하고 있다.

그래서 이를 알아차리는 것이 매우 중요하다. 지금까지 내가 한 생각과 말과 행동이 사소하고 보잘것없는 것이라고 여겼거나 내 자신이 미미한 존재라고 여겼다면, 이제 다시 생각해야 한다.

우리가 의식하든 그렇지 않든 우리가 일으키는 사소한 생각과 말과 행동 하나하나가 쌓여 우리의 인생뿐만 아니라 더 나아가서는 우리가 살고 있는 국가나 이 세계까지도 영향을 미치게 된다. 지리(地理) 역시 인간이 뿌린 '업'에 의해 결정된다. 각자의 행위가 타인의 인생과 우주 창조에도 관여하고 있는 것이다.

그래서 업은 우리에게 더욱더 적극적인 책임 의식과 공동체 의식을

---

[78] Paul Brunton, 《What is Karma?》, p.17, pp64~67

요구하고 있다고 말한 것이다.

따라서 업을 이해하게 되면, 지금까지와는 시선의 높이가 달라진다. 시선이 높아지면 세상을 바라보는 시야가 넓어지고, 시야가 넓어지면 사려 깊은 식견이 생기게 된다. 그 결과 생각과 말고 행동이 달라진다.

우리는 모두 하나이며, 한 사람의 문제는 우리 모두의 문제다. ─ 세바스티앙 살가도(Sebastiao Salgado, 브라질의 사진작가)

어떤 사람의 성공이나 실패가 우리와 아무런 상관이 없다고 생각한다면, 그것은 잘못된 생각이다. 다른 사람의 행복은 우리 자신의 행복과 연관되어 있다. 다른 사람이 행복하지 않다면, 나도 행복할 수 없다. 그리고 더 나아가 우리의 공동체도 국가도 세상도 행복하지 않게 된다. 우리는 각자가 자신의 행복을 바란다면 똑같이 다른 사람들의 행복을 고려해야 한다는 것이다.

업은 단순히 순응이나 순종이나 수동적인 태도를 의미하는 것이 아니다. 개인의 문제만이 아닐 뿐만 아니라 더 적극적인 자기 개혁이고, 더 적극적인 공동체에 참여를 요구하고 있는 것이다.

업은 개인의 업과 집단의 업을 동시에 지니고 있으며, 어느 누구도 집단이 짓는 업에서 벗어날 수 없다.

국가의 업

국가를 예로 든다면, 이렇다.

국가는 그 국가 안의 모든 개인들이 한데 합쳐져서 형성된다. 그리고 그 모든 개인들이 그 국가 안에서 함께 살고 함께 일하면서, 각 개인들의 업이 한데 합쳐져 점차 자신들이 감수해야 할 국가의 운명을 스스로 형성하게 된다. 그것이 국가의 업이다.

때때로 그 결과가 좋기도 하고 혹은 나쁘기도 하지만, 일반적으로는 그 둘이 혼합되어 있다.

그러나 그 결과가 나쁠 때 우리는 역사 속에서 국가의 운명과 민족의 운명이 같은 경우들을 수없이 보게 된다. 당연히 그 고통은 내가 받아야 할 합당한 것은 아니다.

또 똑 같은 원리로 보상의 과보도 따라 온다. 인류의 상호 의존성 때문에 내가 짓지 않은 타인의 선업으로 혜택과 이로움을 받기도 한다.

우리가 개인적으로 하지 않은 일로 고통을 겪기도 하고 혜택을 받기도 한다는 것이다. 따라서 집단의 업은 양날의 칼과 같다. 우리는 고통도 즐거움도 함께 나누게 된다.

아무리 어떤 사람이 사회가 요구하는 이념을 따르고, 법규를 지키고, 주어진 현실을 순응하면서 순종적인 삶을 살았다며 그 책임을 집단에게 전가하려 하거나, 또 어떤 사람은 집단의 혜택 같은 것은 바라지도 않는다며 집단으로부터 빠져나가려 하더라도 그런 시도는 둘 다 실패하고 만다. 업은 개인적이며 동시에 집단적이다. 한 개인으로서 어떤 사람도 집단의 업으로부터 벗어날 수 없다.

이와 같은 사실은 못된 짓을 하는 사람들에게는 다소 행운이 되겠지만, 잘못을 짓지 않고 살아가는 사람들에게는 아마도 실망스러울 수도 있을 것이다.

그러나 어떤 개인이든 그 국가의 법규, 관례, 규칙, 정책, 생각, 행동 등에 영향을 미쳐왔고, 그에 대한 집단적인 책임을 피할 수 없다. 왜냐하면 우리는 의식적으로든 혹은 무의식적으로든 어떤 결정을 받아들여 왔다. 자신이 순종하고 따르는 믿음이나 신조나 지지하는 정당을 통해 자신이 지은 업이 그 안에 은연중에 자리 잡고 있는 것이다. 우리는 여전히 개인의 업을 짓고 있으며, 집단의 업을 짓고 있는 것이다. 당연히 그 책임도 있는 것이다.[79]

예를 들면, 누군가는 인생을 정직하고 바르게 살고 있다. 그런데 왜 그는 잘못된 지도자 밑에서 고통을 당하는가? 그 나라 국민이 잘못된 지도자를 지지하고 선택했기 때문이다. 그로 인해 자유를 억압받고 삶이 팍팍해지고 상황이 더 나빠지게 된다.[80]

이는 옳고 그름이나, 도덕이나 양심, 식견이나 자질에 가치를 두지 않고 자신이 순종하고 따르는 믿음이나 신념, 아집과 편견, 지역이나 학연, 이념이나 정당 등에 집착해서 선택을 잘못 했기 때문이다. 이것이 집단이 짓는 업이다. 그리고 이것이 이 세상은 나만 착하게 산다고 행복할 수 없는 이유이다.

이렇게 우리는 집단이 짓는 업을 공유하며 살아갈 수밖에 없는 존재이며, 또한 우리는 알게 모르게 자신의 믿음이나 신념이나 지지하는 정

---

79) Paul Brunton, 《What is Karma?》, pp.66~67
80) 우리는 개인의 이기심이나 학연이나 지역, 어떤 이념이나 정당에 집착해서 잘못된 지도자를 선택하는 경우가 많다. 결국 그를 지지하고 선택했던 사람들 역시 그 책임에서 벗어날 수 없다. 우리는 이렇게 알게 모르게 자신이 순종하고 따르는 믿음이나 신념이나, 학연이나 지역이나 지지하는 정당을 통해 업을 짓고 있는 것이다. 당연히 그 업에 대한 책임이 있는 것이다.

당을 통해 업을 짓고 있는 것이다(사실은 이 또한 그 뿌리는 개인의 이기심이나 욕망에서 비롯된다).

그러나 우리가 시야를 넓혀 선택을 잘하면 정치를 통해 사회를 바꾸고, 국가를 바꾸고, 세상을 바꿀 수도 있다. 결국 우리 자신에게 달려 있는 것이다.[81]

따라서 이제 우리는 시야를 아주 크게 넓혀야 한다. 우리는 사회 전체와 함께 기뻐하고 고통을 받는다. 우리는 자신의 행복과 사회의 행복을 분리할 수 없다. 우리는 개인이라는 고립된 생각에서 벗어나 모든 생명에 대해 관심을 기울여야 한다. 계층, 국가, 인종 사이에 증오나 적대감도 버려야 하고, 크든 작든 서로 다른 집단 간의 증오나 다툼도 버려야 한다. 모두가 궁극적으로는 상호 의존적이다. 어느 집단이 독립적으로 존재하고 있다고 생각하는 것은 개인들이 개별적으로 독립하여 존재하고 있다는 생각만큼이나 큰 망상이다. 그동안 철학과 역사가 이 사실을 증명하고 있다. 정말로 진정한 자아를 찾고 싶다면, 우리는 서로 이익을 나누며 상호 의존적으로 살아갈 수밖에 없는 존재라는 사실을 받아들이고, 이와 같은 도전적인 진리를 깊이 인식해야 한다.

이를 깨닫게 되면, 우리는 인류 역사의 많은 의문들에 대한 해답도 찾을 수 있다. 업은 한 개인의 역사만이 아니라 인류 전체의 역사에 그대로 적용된다. 우리가 세계에서 어떤 일이 일어나고 있는지 이해하려면, 국가, 세계 및 인류가 지은 업이 그 숨겨진 원인임을 이

---

81) 예를 들면, 알렉스 드 토크빌의 말처럼 "모든 민주주의에서 국민은 그들의 수준에 맞는 정부를 가진다."

해해야 한다. 지금 인류가 서로 고통을 받고 있다면, 지난 과거의 지구의 생명체들, 즉 우리 인류가 생각과 말과 행동으로 지은 업에 대한 결과이다. 그리고 지금 현재의 인류에게 미래의 운명에 대한 고치(보호막)를 준비하라고 경고하고 있는 것이다.

사람들이 잘못된 길을 걷게 되면, 반드시 후회하게 되고 그 고통을 받게 된다. 이기심이 사회를 지배하는 한, 사회도 고통을 받게 된다. 국가도 다른 국가의 재난이나 고민, 문제, 슬픔에 무관심하는 한, 그 국가도 머잖아 그 고통을 나누게 된다. 어떤 주변 국가가 가난하고 비참하다면, 다른 어떤 국가도 번영도 없고 행복도 없다.[82] 또한 어떤 국가가 잘못을 저지르는 것을 허용한다면, 그 역시 마찬가지이다.

부유한 사람들이 가난한 사람들을 돕는 것을 외면하거나, 어떤 인종이 약한 인종에 대해 인종차별이나 혹은 탄압을 하거나, 어떤 강대국이 어떤 국가는 옳고 다른 국가들은 잘못이라며 침략하거나 지배하려 한다면, 결국 그 책임에서 벗어날 수 없다. 그것이 불행한 일이지만 자신의 일이라는 것을 곧 알게 된다.[83]

우리는 다른 사람들과 함께 공유하며 살아간다. 좋은 일도 그렇지만, 죄 역시 공유하며 공동으로 치르게 된다. 그래서 우리는 자신의 행위를

---

[82] 이를 환경에 비유하면 이렇다. 만약 이웃 나라인 중국이 갈수록 사막화되고 황사나 미세먼지로 공기가 오염된다면, 그로 인해 우리나라의 공기 또한 오염될 수밖에 없다. 그 결과 우리나라의 행복지수 역시 떨어질 수밖에 없다. 어느 국가의 문제든 그 국가의 문제만이 아니라는 것이다.

[83] Paul Brunton, 《What is Karma?》, pp. 21, 26~27, 65

올바르게 억제하면서 타인과 더불어 살아갈 수밖에 없는 존재라는 사실을 깨달아야 한다.

불행하게도 사람들이 잘못된 길을 따라가면, 그 행위로 인한 업보의 책임을 사회 역시 공유하게 되고, 죄가 없다고 하더라도 나 역시 아무리 적게라도 그 책임을 나누게 되고 고통을 받게 되기 때문이다.

왜 세계는 공평하지 않는가?[84]

우리는 용감하고 정의로운 사람이 악인을 물리치고, 착하고 양심적인 사람들이 행복하게 잘 사는 세상을 꿈꾸며 산다.

그러나 현실은 그렇지 않다. 무릇 힘 있는 자는 이런 의지가 없고, 이런 의지가 있는 자는 힘이 없는 경우가 많다. 남보다 두 배 노력한다고 두 배의 결과가 나오지 않는 경우도 많다.

그 가운데 특히 사회 현상 중에서 가장 심각한 불균형을 이루는 대표적인 것이 바로 부의 분포이다.

오늘날 우리는 전 세계 인구의 1%도 안 되는 사람들이 99%의 부를 벌어들이는 사회에 살고 있다.

그런데 왜 1%의 사람들이 99%의 부를 차지하고 있는 걸까? 세상이 원래 공평하지 않기 때문이라고 생각하는가? 아니면 개인의 운명이라고 생각하는가? 그것도 아니면 우연이라고 생각하는가? 결코 그렇지 않다.

그것은 세계가 공평하지 않아서도 아니고, 개인의 운명도 아니고, 우

---

[84] '왜 세계는 공평하지 않는가?'의 글은 '유중, 《정치란 무엇인가?》(사군자, 2016)'를 참고하여 군데군데 인용하였다.

연도 아니다. 사실은 우리가 그렇게 만든 것이다.

어떤 사람들은 "모든 것은 내 탓이다" 혹은 "모든 것은 나의 운명이다"라고 말한다. 그러나 '과연 그럴까?' 꼭 그렇지만은 않다. 우리 주변을 한번 잘 살펴보라. 부자로 사는 것은 절약이나 저축의 결과도 아니고 검소하게 살기 때문도 아니다. 또한 가난하게 사는 것도 게으름 때문만도 아니다. 삶 자체가 절약인 가난한 사람이 있고, 아무리 부지런하고 열심히 일해도 가난하게 사는 사람이 있다. 훌륭한 재능이 없어서도 아니고, 머리가 나빠서도 아니고, 몸이 허약해서도 아니고, 마음이 나빠서도 아니다. 적성에 맞고 좋아하는 일을 한다고 또 아무리 두각을 나타낸다고 꼭 부자가 되는 것도 아니다.

지금 우리가 살고 있는 이 세상을 자본주의라고 부르든 혹은 신자유주의라고 부르든, 이는 부자는 더 부자로 만들고 가난한 자는 더 가난하게 만드는 사회이다.

우리는 모자라는 사람의 것을 오히려 덜어서 남아도는 사람의 것에 보태는 이 시대에 살고 있다. 그러나 원래 자연의 이치는 그렇지 않다.

> 자연의 이치는 남는 것을 덜고 모자라는 것에 보태지만, 사람은 그렇지 않다. 모자라는 것은 오히려 덜고 남는 것에 보탠다. 그러나 남는 것을 덜어 모자라는 것에 보태는 사람은 자연의 이치를 아는 사람이다. —노자

이처럼 우리가 살아가고 있는 이 사회는 순리에 어긋나는 사회이다. 그러나 그것은 세계가, 그 나라 국민이 뿌린 씨앗의 결과이다. 세계가, 그 나라 국민이 대기업이나 몇몇 부자들을 위해서는 헌신하고 가난한

사람들은 수단으로 삼는 잘못된 지도자나 정당을 지지하고 선택했기 때문이다. 그로 인해 불평등이 갈수록 심화된 것이다.

업은 그저 신비로운 환상적인 이야기쯤으로 생각해서는 안 된다. 업은 현실과 동떨어진 것이 아니다. 업은 삶이고 현실이다. 업은 적극적인 자기 개혁이다. 따라서 이제는 정치에도 관심을 가져야 한다. 왜냐하면 정치는 모든 구성원에게 직접적이고 포괄적으로 영향을 미치기 때문이다. 아무리 나는 지지하고 선택하지 않았더라도, 그 정책에서 벗어날 수 없다.

예컨대 불평등이 갈수록 심화되는 여러 원인이 있다. 하지만 그 이론적 토대가 되는 대표적인 예가 바로 '낙수효과(落水效果, trickle down effect)'이다. 낙수효과란 대기업 및 부유층의 소득이 증대되면 그 부가 저소득층에게도 혜택이 돌아간다는 논리이다. 그 논리에 따라 부자는 더욱 부자로, 가난한 자는 더욱 가난하게 만들고 있는 것이다.

그리고 그 결과 세계의 부를 1%가 99%를 차지하고 있는 것이다.

세상이 원래 불공평하거나 개인의 운명이나 우연히 그렇게 된 것이 아니라, 이렇게 생각하고 말하고 행동하는 정당과 정치인들을 국민들이 지지하고 선택했기 때문이다.

그리고 이런 국민들의 지지 때문에 여전히 이와 같은 잘못된 굳은 신념이 세상을 지배하고 있는 것이다. 이것이 '집단이 짓는 업'이다.

경제 활성화라는 미명 하에 기업에 대한 정부 규제 축소, 사적 소유를 촉진시키는 민영화, 공공성을 해치는 철도나 의료의 영리화, 기업을 위한 해고는 쉽고 임금은 낮은 노동시장의 유연화를 서슴없이 밀어붙이려는 정당과 정치인들을 지지하고 선택했기 때문이다.

예컨대 민영화란 무엇인가? 한마디로 말해서, 사적 소유이다. 국가의 공공의 자산이나 자원을 개인이나 몇몇 소수가 소유하도록 팔아넘기는 것이다. 즉 사유화시키는 것이다.

부패한 권력은 모든 것을 민영화한다. －노엄 촘스키.

촘스키의 말이 아니더라도, 만약 전기, 가스, 수돗물, 의료, 철도 등이 민영화되어 몇몇 소수의 사람들이 소유한다고 생각해보라. 정말 끔찍한 일이다. 이는 우리가 하루하루 일상생활을 하기 위해서는 반드시 필요한 공익적인 것들이다. 아무리 비싸도 쓸 수밖에 없다.

그러나 시간이 지나면, 가격이 반드시 오를 수밖에 없다. 기업이나 개인(혹은 주주)은 공적인 가치보다 이익을 추구하기 때문이다(실제 세계의 재벌들 가운데는 민영화 때문에 재벌이 된 사람들이 있다).

또 대기업들이 민영화를 끊임없이 주장하는 것은 투자나 리스크를 감수하는 새로운 분야에 도전하기보다는 국민들이 어쩔 수 없이 이용할 수밖에 없는 분야에서 안전하게 돈을 벌겠다는 것이다. 즉 '땅 짚고 헤엄치겠다'는 이야기이다. 이들에게 민영화는 황금알을 낳는 거위 같은 것이다. 이것이 대기업이 투자를 하지 않는 하나의 이유이기도 하다.

즉 민영화를 주장하는 정치인들이 계속해서 이런 시그널을 주기 때문에 감나무 밑에서 감 떨어지기를 기다리고 있는 것이다.

그러나 사적 소유는 결국 투명하지 못하고 사적인 욕심을 채우고 부패하기 마련이다. 그 대신 공익성은 사라진다. 그리고 그 결과 이익은 소수에게 손실은 사회가 지는 것이다. 부패한 권력이나 민영화를 주장하는 것이다.

따라서 민영화를 주장하거나, 이에 맞장구치는 정당이나 정치인들,

또 이를 부추기는 언론과 세력들은 반드시 의심해 보아야 한다. 꼭 민영화가 아니더라도 법인세 인하, 노동시장의 유연화, 노조 무력화 등 노동자들을 수단으로 삼아 끊임없이 대기업들의 이익을 위해 정책을 펴려는 정당이나 정치인들도 마찬가지이다. 이들은 정경유착을 통해 대기업과 서로 이익을 공유하고 있을 가능성이 매우 높기 때문이다(예컨대 미르재단과 K스포츠 재단은 그 예이다).

소수는 성장하지만 국민은 계속 가난한 성장이다. 사적 소유가 심각할수록 불평등이 심화되는 것은 당연한 일이다. 불평등은 자연스러운 현상이 아니라 우리가 그렇게 만든 것이다. 이런 정책을 추구하는 정치인들이 있고, 또 이들의 말을 믿고 지지하는 국민들이 있기 때문이다.

이를 깨닫지 못하고 세상은 선악도 없고 인과도 없고 악업도 없다고 부인하려고 한다. 또 '세상은 원래 그런 것이야. 세상은 공평하지 않아'라고 체념하고 포기하며 이를 받아들이려고 한다.

그러나 그런 무지와 포기와 체념 때문에 불합리하고 부조리하고 힘들고 고통스럽고 어이없는 일들이 벌어지는 현실이 바뀌지 않는 것이다.[85]

이것이 집단이 짓는 업이다. 하지만 대부분의 사람들은 이것이 악업을 쌓고 있음을 인식하지 못한다.

우리가 처한 모든 상황은 우리가 만든 것이다. 우리가 사는 자본주의는 '나'와 '타인'은 별개라는 분리 의식의 결정체이고, '나'와 '나의 것'이라는 생각과 집착의 그 대표적인 예이다. 우리는 이 시대에 살고 있

---

[85] 시민들의 '촛불혁명'에서 보았듯이 세상은 우리의 생각과 말과 행동이 만들어 간다. 이에 세계의 시민들은 '에버트 인권상'으로 경의를 표한 것이다.

다. 이런 경제 체제를 혹은 이런 정치인들을 적극적으로 지지했든, 마지 못해 끌려갔든 그 책임을 함께 나눌 수밖에 없다.

우리는 여전히 개인의 업을 짓고 있으며, 집단의 업을 짓고 있는 것이다. 당연히 그 책임도 있는 것이다.

업은 현실이고, 삶이다. 고의적이든 그렇지 않든 업을 짓고 싶지 않다면, 정치에도 관심을 가져야 한다. 그리고 올바른 선택을 해야 한다.

그런데 올바른 선택을 하기 위해서는 지혜가 필요하다. 지혜란 인과의 법칙을 아는 것이다. '나와 너'는 별개라는 사고에서 벗어나 모든 사물을 연기적 존재로 바라보는 것이다. 이는 세계를 열린 마음으로 바라보는 것이고, 우리 모두는 서로 연결되어 있다는 것을 깨닫는 것이다.

하지만 불교 신자들 가운데도 이를 깨닫지 못하는 사람들이 의외로 많다는 것은 놀라운 일이다. 개인이나 몇몇 소수를 위한 경제성장은 무의미하다. 이제는 소수를 위한 정책을 지지해서는 안된다. 또 내가 부자가 되었다면, 누군가는 희생한 것이다. 내가 얻은 것을 되돌려 주어야 한다.

잘 생각해 보면, 꼭 부처의 가르침이 아니더라도 우리는 태어나면서부터 죽을 때까지 남의 덕분에 살아간다. 지금 우리가 존재하고, 성장하고, 누리고 있는 모든 것들은 누군가의 땀과 노력이 있기 때문이다.

아무도 홀로 존재할 수 없다. 나는 타인이나 집단이 지은 업으로부터 영향을 받을 수밖에 없고, 내가 지은 업 또한 타인과 집단에 영향을 미치게 된다.

그래서 업은 나만이 아니라 이웃을 살피며 우리에게 올바르게 살아가도록 요구하고 있고, 보다 나은 사회를 향해 나아가도록 요구하고 있는 것이다. 이것이 우리가 올바름의 길로 나아가는 길이다.

> **나**는 이 우주의 어느 한 곳만을 위해서 태어난 것이 아니다. —세네카

업은 우리에게 더 적극적인 책임 의식을 요구하고, 더불어 살아갈 수밖에 없는 존재라는 것을 깨우쳐 주는 것이다.

그래서 우리 역시 "위로는 깨달음을 구하고, 아래로는 중생을 제도하려는 마음을 내어야 한다(상구보리 하화중생上求菩提 下化衆生)."

우주는 장엄하다

그러나 우리 모두가 각자 자기 문제밖에 생각하지 못한다면, 어떻게 이 세상이 바뀌기를 기대할 수 있겠는가?

> 세상이 자기를 행복하게 해 주지 않는다고 불평하는 것은 이기적인 병이다. 이러한 사람은 행복을 소비할 것만 생각하고 행복을 생산할 것은 생각하지 않는 것이다. —버나드 쇼

인생이란 살면서 자신을 알아가는 것뿐만 아니라 이치를 알아가는 것이고 보다 나은 자신과 세상을 창조해 가는 것이다. 우리는 스스로 자신의 운명을 바꿀 수 있고 세상의 운명도 바꿀 수 있다.

지금 우리가 처한 환경은 우리가 만든 것이지만, 이 세상의 모든 만물은 끊임없이 변한다.

우리가 만든 사회, 정치, 경제, 환경도 끊임없이 변해간다. 변치 않고 고정된 '나'도 없고, '운명'도 없고, '세상'도 없다. 우리가 그리는 어떤 이상적인 사회도 현실이 된다.

간혹 모두가 잘 살면, 궂은일을 누가 할까? 세상 걱정하는 사람들이 있다. 우리가 원하기만 한다면, 인간의 어지간한 지혜로도 그 이상적인 사회를 향해 제도가 바뀌고, 기술이 바뀌고, 과학이 바뀌고, 그리하여 문명이 바뀌게 된다.

지금도 이 지구상에는 자신들이 처하게 될 상황이나 자신들의 운명을 끊임없이 창조해 가는 사람들이 있다.

우리에게는 아직 꿈만 같지만, 이 지구상에는 성별, 소득, 직업에 상관없이 공평하게 살아가는 나라들이 있다. 그들은 목수나 의사나 어떤 직업을 가지고 있든 모두가 골고루 잘 살고, 모두가 행복하게 살아가야 한다고 생각하고 실제로도 그렇게 살아가고 있다.

동시대를 살아가고 있는 핀란드, 스웨덴, 노르웨이, 덴마크 등 북유럽의 국가에서는 대학까지 무상교육을 하고 있으며, 노인이 되어서도 돈 걱정 없이 여생을 보내고 있다.[86] 젊은이들이 빚을 지거나 돈이 없어서 대학을 포기하는 경우도 없지만, 대학을 가지 않아도 실질소득이 거의 비슷하기 때문에 굳이 대학을 가지 않아도 된다.

또한 이들 대부분의 국가들은 가장 긴 휴가와 가장 긴 여가 시간을 누리고 있다. 그러면서도 의료 서비스와 대학 교육은 모두 무료이다.

이 지구상에는 성별, 소득, 직업에 상관없이 기본소득을 보장하는 나라들도 있다. 인간이라면 누구나 최소한의 존엄성을 지키며 살 수 있게 하려는 뜻도 있지만, 그들은 국가 구성원이 집이나 먹고 사는 걱정 대신에 자신이 원하는 일에 에너지를 쏟으며 살아가게 하려는 것이다.

---

[86] 현재 우리나라는 OECD 국가들 가운데 노인 빈곤율 1위, 노인 자살률 1위를 기록하고 있다. 우리나라의 세계 경제 순위는 12위다. 이런 경제성장이 무슨 의미가 있겠는가?

이런 복지 이야기를 하게 되면, 그 나라는 인구가 작아서, 나라가 작아서, 자원이 풍부해서 등 별 핑계를 대는 사람들이 있다. 그러나 그것은 핑계일 뿐 그럴 생각이 없는 것이고, 의지가 없기 때문이다.

그들은 자신의 행위를 올바르게 억제하면서 서로가 상호 의존하며 타인과 더불어 살아가야 한다는 사실을 진심으로 깨닫고, 이를 생각과 말과 행동으로 실천하고 있는 것이다. 그 결과 동시대를 살아가면서도 북유럽, 스위스, 남미의 나라들은 우리와는 다른 길을 걷고 있는 것이다. 이것이 집단이 짓는 업이다.

자연 환경을 보존하고, 문화적 독창성을 유지하는 것으로 지속가능한 경제 발전을 국정 운영으로 삼고 있는 나라도 있다. 부탄은 '경제 성장'이 아닌 '국민의 행복'이 국정 운영의 가장 중요한 목적이다. 실제 부탄은 국민행복지수(GNH : Gross National Happiness)'가 세계 1위로 알려져 있다. 교육과 의료는 국가가 전액 무상으로 제공한다. 학비도 무료고 병원비도 내지 않으며, 개인이 원하면 국가의 돈으로 유학도 보내준다. 부탄은 국민 복지와 개인의 문화 시간, 건강, 명상 등을 최고의 가치로 삼는 나라를 지금도 또 미래도 지향하고 있다.

자원이 충분하지 않다거나 무엇이 부족하다고 말하는 것은 눈을 떠서 주변의 모든 것을 보려 하지 않기 때문이다.

지금껏 인류 역사를 통해 보았듯이 그 무엇도, 자원이든, 기술이든, 기타 그 무엇이든 한계란 없다. 오직 우리 마음속에 한계가 있을 뿐이다. 우리가 가진 최대의 한계는 우리 스스로 부여한 것이다. 절대 물질의 결핍으로 가난한 것이 아니다.

많은 사람들이 자원이 충분하지 않다거나 무엇이 부족하다고 말하지만, 사실 우주는 장엄하다.

우주는 온 인류에게 모든 만물을 공급해준다. 지금껏 인류가 먹고 마시고 입고 자고 누려온 모든 것이, 또 문명을 누리는 모든 것이 이 우주에서 나온 것이다.

우리는 물 한 방울도 새롭게 강에 보탠 게 없고, 흙 한 주먹도 새롭게 산에 보탠 게 없다.

이 세상에 재화의 부족으로 가난해야 하는 사람은 아무도 없다. 세상의 재화는 모두에게 돌아갈 만큼 충분하다.

예컨대 월러스 워틀스의 말처럼 미국에서 생산되는 건축 자재만으로도 미국의 모든 가구에 백악관만한 건물을 지어줄 수 있다. 농업을 효율적으로 활용하면 미국 농토에서 나는 원료만으로도 미국의 모든 사람에게 최고급 옷감으로 옷을 지어주고 사치스러운 음식을 먹일 수도 있다.

눈에 보이는 물자의 공급도 실질적으로 고갈되지 않으며, 눈에 보이지 않는 물자의 공급은 실로 무궁무진하다.

또한 자연에서 배운 인간의 지식과 기술은 나날로 발전하고 있다. 우주로부터 나온 자원을 이용하면서, 지금 인류는 윤리를 바탕으로 한 기술들로도 식량뿐만 아니라 의료든 그 무엇이든 전 세계의 수억의 가난한 사람들을 도울 힘을 가지고 있다. 이 세상 모두가 잘 살 수 있다. 개개인이 아닌 인류 전체의 관점에서 보았을 때, 인간은 항상 넘치도록 부유하다. 오직 우리 마음이 열려 있지 않기 때문이다.

그런데도 모든 사람들이 풍족하게 사는 것은 불가능하다고 말하거나 어떤 개인이 가난하다면, 그것은 우리가 세상을 그렇게 만든 것이다. 우주는 풍족하지만, 오직 우리 마음이 풍족하지 못한 것이다.

우리의 행복과 우리 주변의 모든 사람들의 행복은 바로 이런 깨달음의 정도에 달려 있다.

결국 세상을 어떻게 만드느냐는 우리의 생각과 말과 행동에 달려 있으며, 그 결과 우리 자신의 삶뿐만 아니라 한 나라의 행복과 불행도 정해진다. 이것이 집단이 짓는 업이다.

우리가 좋은 세상을 만들어 가려고 하는 것은, 나 자신만을 위해서가 아니라 우리 모두를 위해서이다. 자신의 후손과 이웃과 나라와 세계의 인류를 위해서이다.

업은 우리에게 이렇게 살아가라고 요구하고 있는 것이다.

집단의 운명에서 벗어난 사람들

이렇듯 이 지구상에는 다채로운 삶이 펼쳐지고 있다. '우리는 왜 지금, 이곳에서 태어났을까?', '또 어떤 개인은 집단의 업에서 벗어나 뛰어난 일을 해내는 걸까?' 그리고 동시대를 살아가면서도 어떤 나라는 더 큰 집단, 즉 세계 인류의 업에서 벗어나 행복하게 살아가는 걸까?'

우리 모두는 역사의 어떤 특정 시간에 살고 있고, 그 기간 동안 특정 장소를 차지한다. 왜 지금 여기일까? 현재는 과거와 미래와 연결되어 있다. 지금의 삶 역시 과거의 삶과 연결되어 있다. 내가 지금 여기 있는 것은 과거의 내가 지은 업의 결과이다. 좋은 시대에 태어나는 것도, 그 시대의 집단의 업에서 벗어나는 것도 물론 이전에 자신이 지은 업의 결과이다. 지금의 생애는 이전의 세속적인 생애들과 연결되어 있다. 심지어 우리가 보기에는 기적 같은 일까지 말이다.

예컨대 역사는 어떤 특정한 시기, 심리적으로든 혹은 전란으로든 혹은 물질적으로든 어려운 시기에 범상치 않은 사람들이 용기를 주거나 혹은 그 시대를 지도하는 일들이 일어나는 것을 우리에게 생생하게 보여준다. 그들은 집단의 운명에서 크게 벗어나 있는 사람들이다.

만약 역사책에서 눈먼 역사가들이 세운 이론 대신에 새롭게 역사를 공부하고 그것을 곱씹어 본다면, 인간들 사이에 위대한 대격변―정신적이든 혹은 사회적이든 혹은 지적이든―이 항상 위대한 인물들의 탄생 그리고 그들의 활동과 더불어 출현하는 것을 발견할 것이다.

물론 한 개인이 역사의 신기원을 만드는 것은 아니다. 정확히 말하면, 사람들의 생각에 의해 이미 세상에 나온 것들 사이에서 그를 통해 구현된 것이라고 할 수 있다.

업은 그 자체로 한없는 힘이 있다. 자신이 지은 업에 따라 사람들의 성격과 생김새를 형성하고, 인간의 진화에 있어서 역사적인 일을 수행할 수 있도록 하는 능력을 부여하고 그 능력을 구체화시켜 나가게도 하는 것이다.[87]

이것이 업의 힘이다. 우리는 주변에서도 종종 한 가족의 운명에서 벗어나 한 가정을 크게 일으키는 사람들을 보게 되고, 또 사회의 운명에서 벗어나 한 시대를 풍미하는 범상치 않은 사람들도 보게 된다. 그들은 작거나 크거나 집단의 운명에서 벗어나 있는 사람들이다. 업은 이런 뛰어난 일들을 가능하게 하는 능력을 부여한다.

내가 지금 여기 있는 것은 내가 지은 업의 결과이고, 누군가 뛰어난 일을 해내는 것 역시 그가 지은 업의 결과이다.

---

[87] Paul Brunton, 《*What is Karma?*》, p.61, pp.68~69 참고

이 세상은 아무런 법칙도 없이 제멋대로 굴러 가는 것이 아니다. 모든 것에는 다 원인이 있다.

업은 씨앗과 같아서 그에 따르는 과(果)를 낳는다. 업이 쌓여 각각의 사연을 만들어가는 것이다.

이 지구상에는 동시대를 살아가면서도 모두가 비교적 부유하고 평등하게 살아가는 나라들이 있고, 소박하지만 행복하게 살아가는 나라들도 있다.

그 나라들은 동시대를 살아가는 우리 인류의 모습과는 다르게 살아가고 있다. 이들은 집단의 운명, 즉 세계의 운명에서 벗어난 사람들이다.

그들은 나와 너를 분리하려는 의식에서 벗어나 너의 행복이 곧 나의 행복이라고 생각하고 공존에 가치를 두고 있기 때문이다.

그렇지 않고 행복하고 풍요롭게 살아가지 못하는 것은 그 업이 다르기 때문이다. 마음이 열려 있지 않고, 마음이 한계를 지우고 있기 때문이다.

세계의 운명에서 벗어난 나라든, 그렇지 못한 나라든, 그 구성원의 생각과 말과 행동이 만들어 낸 것이다.

그렇지만, 미래는 항상 열려 있다. 앞으로도 이 지구상에는 자신들이 처하게 될 상황이나 자신들의 운명을 끊임없이 창조해 가는 사람들이 나타날 것이다.

앞으로의 윤리는 무엇이 될까?

인간을 비롯해 우주만물은 상호 의존적인 존재이다. 이 세상의 그 어떤 것도 '너' 없이 홀로 살 수 있는 존재는 없다. 인과의 사슬처럼 네가 있기 때문에 내가 있고, 내가 있기 때문에 네가 있다.

그래서 우리는 '혼자만 행복하면 된다'는 생각에서 벗어나 더 높은 차원을 향한 깨달음을 키워나가야 한다. 우리는 모두 연결되어 있고, 한 사람의 문제는 우리 모두의 문제이다.

우리가 사는 이 사회를 보면, 이 사회를 건강하게 지탱하기 위해서는 성직자도, 농사를 짓는 농부도, 목수도, 청소부도, 노동자도, 기업도 필요하다.

그리고 이 모두가 인과의 사슬로 얽혀 있다. 예컨대 기업을 지탱하기 위해서는 자본도 필요하지만, 상품을 생산하는 노동자들의 노동이 더해져야 하고, 또 그 기업의 생산품을 구매하는 소비자들이 존재해야 한다. 자본이 아무리 많아도, 이러한 조건들이 갖춰지지 않으면 기업은 소멸하고 만다.

만약 어떤 기업가가 이렇게 말한다면, 어떨까? "이 높은 빌딩을 보라. 내가 이것을 지었다."

그러나 사실은 그는 흙 한 삽도 판 적이 없고, 벽돌 하나 쌓은 것도 없다. 그 일을 해낸 사람들은 바로 노동자들이고, 이들 없이 1cm의 빌딩도 지을 수 없다. 이 세상 모든 일은 더불어 이루어진다.

잠깐만이라도 하늘의 별을 쳐다보듯이 주위를 살펴보라. 밤늦은 시간에 혹은 동이 트는 새벽녘에 음식물 쓰레기를 비롯해서 온갖 쓰레기를 치우는 청소부들의 수고가 없다면, 우리는 단 며칠도 살지 못한다. 또한 농부가 농사를 짓지 않는다면 어떻게 될까? 자동차 없이는 살아도, 쌀 없이는 살지 못한다.

이들이야말로 우리를 참으로 먹여 살리고 있고, 우리의 은인들이다.

우리는 그들에게 크나큰 빚을 지고 있고, 그들은 크나큰 공덕을 쌓고 있는 것이다.

> 오늘 아침 식사를 하면서 나는 전 세계 절반의 사람들에게 도움을 받았다. －마틴 루터 킹(Martin Luther King)

실제 지금 우리가 존재하고 누리고 있는 모든 것들은 자신이 똑똑해서도 아니고 잘나서도 아니다. 누군가의 땀과 노력이 있기 때문이다.

> 사람들이 글을 쓰고, 그림을 그리고, 공부할 수 있으려면 더 많은 사람들이 논밭을 갈고, 쇠를 벼리고, 땅을 파야 한다. －하인리히 폰 트라이치케

우리가 햇살을 맞으며 아침을 맞이할 수 있는 것은 빗자루를 든 청소부가 있기 때문이고, 우리가 먹고 자고 입고 살아가는 것은 땅을 일구고 씨 뿌리고 수확하는 농부들의 노력과 땀이 있기 때문이고, 뜨거운 용광로 앞에서 철을 달구는 사람들이 있기 때문이고, 대패질을 하고 벽돌을 쌓고 집 짓는 사람들이 있기 때문이다.

그러나 만약 이들이 없다면, 오늘의 배부름이 곧 내일도 그러리라는 보장이 없다. 우리를 구원하는 것은 우리 자신이다. 신도 아니고 어떤 초월자의 의지가 아니다. 행복도 불행도 우리가 만들어 낸다.

'우리는 하나이고 서로 연결되어 있다'는 사실을 깨닫게 되면 개인의 삶의 태도가 바뀌게 되고, 그 개개인의 삶의 태도가 바뀌면 사회가 바뀌게 되고, 또 그 변화의 물줄기가 퍼지면 국가가 바뀌게 되고, 또 그 물줄

기가 퍼지면 세계가 바뀌게 된다.

그런데 이렇게 생각과 말과 행동을 바꾸도록 이끌 수 있는 힘이 있는 것이 있다면, 그것은 무엇일까? 이를 진심으로 깨닫게 할 방법이 있는 걸까? 그 가운데 윤리나 도덕이나 철학도 하나의 방법일 것이다.

그렇다면 지금 우리가 처해 있는 불행의 원인과 삶을 제약하고 있는 환경적인 요소들, 추구할 필요가 없는 즐거움을 쫓는 삶, 삶에서 피할 수 없는 고난이나 고통의 원인들을 깊이 생각해 보면, 앞으로의 윤리는 어떤 윤리이어야 할까?

그렇지만 오늘날 우리에게 남아 있는 윤리나 도덕이나 철학이라는 것이 있는 걸까? 그 대안을 폴 브런튼은 다음과 같이 제시하고 있다.

> 이전 세기의 윤리는 불확실하지만 혹시 존재할지도 모른다는 신에 대한 두려움을 토대로 세워진 것이었다면, 현재의 윤리는 신은 존재하지 않는다는 신을 전혀 의식하지 않는 완전한 무관심 위에 세워진 것이다. 첫 번째는 행동에 약간의 억제를 이끌지만, 두 번째는 아무것도 제약받을 게 없는 윤리이다.
>
> 그러나 앞으로의 윤리는 업이 그 대안이 될 것이다. 업은 공동체도 염두에 두는 개인의 책임을 합리적으로 이해하고 받아들이게 하기 때문이다. 그리고 이는 자연스럽게 행위에 대한 '올바른' 억제로 이어질 수 있기 때문이다.[88]

지금 우리가 처해 있는 불행들의 원인과 삶을 제약하는 고난이나 고

---

88) Paul Brunton, 《What is Karma?》, pp. 20~21

통들의 원인은 개인의 업과 집단의 업이 동시에 영향을 미친 결과이다. 조금만 생각해 보면, 이해할 수 있는 말이다. 업은 이를 인식하게 하는 것이다.

오늘날 현대 문명은 신도 죽고, 도덕도 죽고, 철학도 죽고, 오직 물질만 남아 있다고 하지만 우리는 자신의 행위를 올바르게 억제하면서 타인과 더불어 살아가야 하는 상호 의존적인 존재라는 사실은 변함이 없다.

이런 의미에서 업이란 이 시대에 웬만한 사람들이라면 합리적으로 받아들일 수 있는 것이다.

우리는 정말로 우리가 원하고 필요로 하는 만큼 얼마든지 많은 자유의지를 가지고 있다. 그러나 우리가 눈이 멀어 그것을 인식하지 못하고 주어진 기회를 활용하지 못한다면, 그 잘못은 우리 자신에게 있다. 만약 우리가 서로에게 이익이 되는 이로운 행동을 한다면, 우리는 더 행복하고 풍요로운 세상을 열어 갈 것이다. 그러나 우리가 서로에게 이익에 반하는 적대적이고 해로운 행동을 한다면, 그것으로 인해 다른 바람직하지 않은 행동들이 순차적으로 일어나게 되고, 결국 고통스러운 눈물을 흘리게 된다.

자기 연민을 습관처럼 하는 사람들은 업의 희생양을 찾을지도 모른다. 그러나 진실은 인류의 윤리적 기준과 정신적 자질도 우리의 운명을 결정짓는 보이지 않는 요소들이라는 것이다. 업은 우리의 손을 마비시키고 우리의 정신을 무디게 하거나 자유의지를 꺾어버리려는 것이 아니다. 업은 윤리적인 책임 의식을 국가나 개인에게 깨우침으로써, 그리하여 과거의 잘못으로 인한 상처들을 자발적으

로 치유하도록 유도하는 긍정적인 가치를 가지고 있고 파급효과를 일으키는 것이다.[89]

오늘날 우리의 정신이 물질에 지배당하고 있지만, 물질은 삶의 하나의 요소일 뿐이다. 인류의 윤리적 기준과 정신적 자질도 우리의 운명을 결정짓는 보이지 않는 요소들이라는 것을 깨달아야 한다.

또한 우리 각자는 개인의 업과 집단의 업을 동시에 짓고 있다는 사실도 기억해야 한다.

업은 지은대로 되돌려준다. 우리는 정말로 우리가 원하고 필요로 하는 만큼 얼마든지 자신의 삶과 세상을 바꿀 수 있는 자유의지를 가지고 있다.

그럼에도 불구하고 앞으로도 우리가 계속해서 불행하다면, 그것은 우리가 업의 냉혹함에 눈물을 흘려야 하는 것이 아니라 우리 자신의 지성이 부족한 어리석음에 눈물을 흘려야 한다.

---

[89] Paul Brunton, 《*What is Karma?*》, p.20